시각화,
생각을 그리다

윤지혜
×
최태원

V

ISUALIZATION

박영사

13년 전, 공공기관 SI(system integration) 사업의 제안을 처음 접했습니다. 그때 저는 사업의 관련배경, 목적/목표 등의 자료를 찾아서 정리하는 아주 일부분을 맡았죠. 사회생활을 시작한 지 이제 3년쯤 되는 저에게 상무님, 전무님, 이사님께 제가 왜 이렇게 작업했는지 발언할 기회는 주어지지 않았어요. 리뷰를 하면서 제가 작업한 PPT를 펼쳐 놓고 이런저런 지적을 받다 보니 속상하더라고요. 그래서 어떻게 하면 설명 없이도 누구나 이해될 수 있는 장표를 만들 수 있을까, 고민하고 연습했습니다. 그게 통했을까요? 제안작업에서의 역할이 점점 커지더군요. 나중에는 제 분야도 아닌 기술파트에 대한 작업도 맡아서 하게 되었습니다. 내용이 주어지고 설명이 추가되면 이해한 내용을 토대로 시각화 작업이 되니까 할 수 있는 영역이 많아지더라고요.

경험도 많고, 저보다 한참 많은 지식을 가지신 분들은 세상에 많습니다. 회사 안에서도 마찬가지고요. 그런데, '아는 것'과 '생각하는 것'을 '시각화'하는 것이 너무 힘들다는 말씀을 참 많이 들었습니다. 그러면 저는 흰색 종이와 펜을 들고 가서 여기에 적으면서 저에게 설명해 달라고 합니다. 그러면 동그라미, 네모, 화살표 등을 그려 가면서 말하고자 하는 내용을 열심히 설명해 줍니다. 그러면 저는 그것을 가지고 다듬어 '시각화' 작업을 하죠. 그런데, 그렇게 설명을 하면서 그린 종이를 가만히 보면 재미있는 것이 발견됩니다. 이 책에서 말하는 공식들이 적용된 부분들이 중간중간 보인다는 겁니다. 여러분도 종이에 그림을 그리면서 상대방에게 설명해보세요. 그러면 이런 유사한 경험을 해 볼 수 있을 겁니다.

'시각화' 작업이 처음부터 쉬웠던 것은 아닙니다. 영역을 불문하고 어떻게 표현하면 좋을까 고민했고, 관련 작업을 수없이 하다 보니 유사한 패턴이 보이기 시작했습니다. '이 패턴들을 잘 정리하면 누구나 쉽게 생각을 그릴 수 있지 않을까?'라는 생각이 들었습니다. 전략 프레젠테이션 작업을 하는 틈틈이 이 생각을 구체화시켜 나가기 시작했습니다. 제가 직접 그리고 있는 방식들을 나열해서 분류해 본 것이죠. 그 결과 7가지 카테고리에서 16가지 표현 공식을 정리할 수 있었습니다. 공식을 최대한 간소화하려고 노력했습니다. 스토리, 배치, 문장 등 시각화의 기본 요소에 16가지 표현 공식을 적용하면 여러분도 여러분의 생각을 쉽게 '단순화', '시각화'하는 경험을 하게 될 것입니다.

시작이 거창하지 않아도 좋다고 생각합니다. 빈 종이에 오늘 할 일, 한 해의 계획 등 아무 주제나 좋습니다. 공식들을 적용해 가며 '시각화'를 시작해 보세요. 저도 '스토리보드 노트'라는 공책을 항상 가지고 다니면서 떠오르는 아이디어나 복잡한 생각들을 '시각화'하는 작업을 꾸준히 하고 있습니다. 그러면서 이 책의 기획서도 나오게 되었고요.

생각을 잘 표현할 수 있다는 것은 즐거운 경험이며 특별한 탤런트라고 생각합니다. 그중에 '시각화'는 보고서, 기획서, 발표 자료 등 수없이 많은 곳에 쓰이는 생활 밀착형 '생각표현 방법'입니다. 처음부터 완벽할 수 없다는 것은 모두 다 알고 있는 사실입니다. 하지만 '어떻게' 해야 하는지 방법을 찾고 있는 당신이라면

이 책은 분명히 그 생각을 그릴 수 있도록 도와주는 가이드로서 역할을 할 것이라는 생각은 확신합니다.

저희와 함께 여러분의 생각을 그려 보시겠습니까?

- 윤지혜

소위 '기획쟁이'로 수십 년을 살다 보니 깨달은 것이 하나 있습니다. 세상 거의 모든 일이 '기획'이라는 것입니다. 기업에서 새로운 성장 전략을 짜고, 신사업을 제안하는 일만이 기획이 아닙니다. 책을 쓰는 것도, 프레젠테이션을 하거나 창업을 하고 투자나 취업을 하는 것도 기획입니다. 심지어 소셜 미디어에 글을 올리고 여행을 계획하는 간단한 일에도 기획이 들어 있습니다. 그것은 기획의 본질이 '목적을 이루기 위한 최선의 방법을 찾는 합리적인 과정'이기 때문입니다.

그런데 기획은 기본적으로 손에 잡히지 않는 머릿속 생각입니다. 그것을 어떤 식으로든 꺼내어 표현하지 않으면 기획에는 실체가 없습니다. 생각을 표현하는 방법은 무궁무진하지만, 기획쟁이들은 필요에 맞게 꺼내어 쓰는 나름의 도구함을 가지고 있습니다. 목수의 공구집이나 메이크업 아티스트의 메이크업 박스처럼 말이지요. 잘 정비된 도구함이 있다면 나사에 꼭 맞는 드라이버를 꺼내 쓰는 것처럼 어떤 생각에 꼭 들어맞는 표현 도구를 꺼내어 쓸 수 있습니다. 그중 '시각화' 도구함은 자주 쓰이고, 또 유용해서 늘 가까이 두는 필수 도구함입니다.

우리 머릿속에서 생각은 글이 아닌 그림으로 흘러 다닙니다. 소설을 읽어도 우리는 그것을 뇌에 글이 아닌 영상이나 그림으로 바꾸어 저장합니다. 친구가 말해 준 해프닝도 글이 아닌 한 편의 영화로 기억되지요. 글보다 그림이 더 잘 보이고, 더 빠르게 이해되고, 더 오래 기억되는 것은 우리의 진화 본능입니다. 단언컨대 석기시대 라스코 동굴 벽에 소를 그린 사람도, 피라미드 내벽에 그림을 그리자고 제안한 사람도 모두 당대 최고의 기획쟁이였을 것입니다. (물론 증거는 없답니다)

자기 자신을 포함하여 누군가를 이해시키고, 설득하고, 변화시키려 한다면 시각화 도구함은 없어서는 안 될 필수품입니다. 특히 당신이 수험생, 취준생, 사회초년생, 기획자, 마케터, 크리

에이터, 사업가, 관리자라면 더욱 그러합니다.

　많은 경험을 가진 전문가의 도구함에는 자신이 직접 만들고 다듬은 맞춤 도구들이 들어있습니다. 수백억짜리 사업 수주를 위한 제안서나 그룹 회장이나 대통령에게 보고하는 프레젠테이션 자료는 10~20번의 수정을 거칩니다. 공식적으로 검토하는 것만 그 정도이고, 세부적인 수정 버전을 포함하면 50번은 족히 고칩니다. 청자의 눈높이에 맞춰 장표들을 다시 배치하고, 문장을 다듬고, 더 적절한 단어를 찾고, 표시되는 데이터 양을 조절하고, 숫자들을 재검토하고, 도형을 다시 그리고, 색상을 미세하게 조정합니다. 10장을 발표하기 위해 100장의 별첨 자료를 준비하기도 합니다. 또 같은 자료라도 청자가 달라지거나, 발표 시간이 변경되거나, 대면 보고가 아닌 서면 보고로 바뀌면 그에 맞춰 여러 번 수정합니다. 이런 과정을 수십 년 동안 반복하면 자연스럽게 손에 익은 자신만의 시각화 도구들이 도구함에 쌓입니다.

　초보자는 처음부터 자기가 직접 도구를 만들려 하기보다 장인이 만든 표준 도구로 시작하는 편이 낫습니다. 적은 시행착오로 더 나은 결과를 얻을 수 있기 때문이지요. 이 책 도구함에 가장 필수적인 8가지 시각화 구성 요소와 16가지 시각화 표현 공식을 고심해 담았습니다. 이것들을 조합하고 응용하면 거의 모든 생각들을 전문가처럼 시각화할 수 있습니다. 상사에게 보고하는 기획서도, 소셜 미디어에 올리는 시각 자료도, 이 공식에서 벗어나지 않습니다.

　이 책이 한 번 보고 마는 것이 아니라, 옆에 두고 필요할 때마다 꺼내어 쓸 수 있는 유용한 도구함이기를 바랍니다.

－ 최태원

차 례

Visualization

생각 을 그리다

01

시각화 Visualization 란?

1. 생각을 그리다

당신은 중요한 내용을 누군가에게 전달해야 한다. 그래서 백지 위에 말하고자 하는 바를 빼곡히 적었다. 과연 그것을 꼼꼼하게 읽어줄 사람이 몇이나 될까? 나와 내용에 대한 관심이 많은 사람이 아니고는 인내심을 갖고 읽어줄 사람은 거의 없다.

자신이 관심 있는 곳에만 집중하는 바쁜 현대 사회에서 누군가에게 나의 이야기를 들려주고 그들을 설득하고 싶다면 어떻게 해야 할까? 사람들의 관심을 끌고 빠른 시간 안에 이해시키는 전략이 필요하다.

우리의 뇌는 본능적으로 글자보다 그림에 끌린다. 뇌에서 전달되는 정보의 90%는 시각 정보이다. 따라서 메시지 전달과 설득의 우위 전략은 바로 나의 생각을 그림으로 그려내는 시각화Visualization이다.

아무리 멋진 계획이라도 장문의 글로 전달한다면 처음부터 아예 읽고 싶은 생각이 들지 않을지도 모른다. 하지만 구조화된 아름다운 이미지라면 한 번쯤 돌아보고 그 이야기에 빨려 들게 되지 않을까.

011

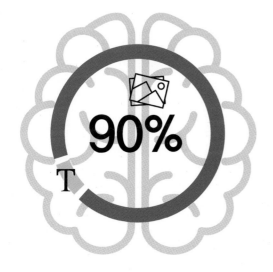

2. 왜 시각화?

어느 것이 더 잘 이해되고 기억에 오래 남나요?

새로운 문서를 보았을 때 전체적으로 스캔하는 사람들은 79%인 반면에 한 글자, 한 글자 읽는 사람은 16%뿐이다.

또한 사람들은 대체로 페이지를 읽을 때 전체 내용의 28% 정도만을 읽는다고 한다.

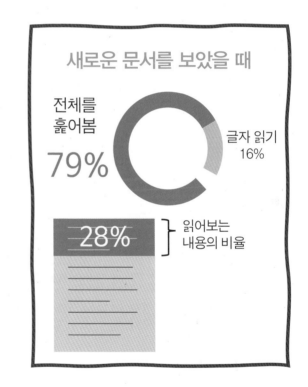

013

글자보다 그림에 자연스럽게 더 시선이 가지 않는가? 시각화된 정보는 한눈에 전체 내용이 스캔scan되고 파악된다.

글자는 뇌의 단기 기억 장소에 저장되는 반면에, 이미지는 장기 기억 장소에 저장되어 더 오래 기억에 남는다.

내용이 많고 어렵고 복잡할수록 문장보다 잘 정리된 시각화를 거치면 훨씬 이해하기 쉽고 기억에 오래 남는다. '중심으로부터 같은 거리에 있는 모든 점들을 이은 곡선'이라고 문자로 설명하면 어렵지만 그냥 '원'을 보여주면 이해가 훨씬 쉽다.

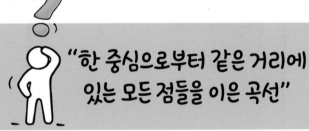

"한 중심으로부터 같은 거리에
있는 모든 점들을 이은 곡선"

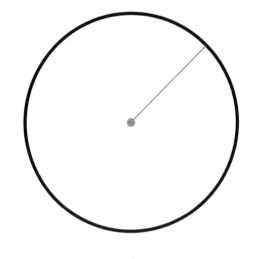

새로운 문서를 보았을 때 전체적으로 스캔하는 사람들은 79%인 반면에 한 글자, 한 글자 읽는 사람은 16%뿐이다.
또한 사람들은 대체로 페이지를 읽을 때 전체 내용의 28% 정도만을 읽는다고 한다.

새로운 문서를 보았을 때

전체를 흝어봄
79%

글자 읽기 16%

28% 읽어보는 내용의 비율

일반 기사

시각화 기사

조회 x 30배

방문 x 12배

설득 x 1.4배

초기 텍스트 중심의 소셜 미디어의 인기가 사진과 영상 중심의 소셜 미디어로 빠르게 이전한 것도 이런 시각 효과 때문이다. 정보를 시각화하여 전달하는 인포그래픽 기사는 글자로만 된 기사보다 30배 더 읽히며, 12배 더 많은 웹 사이트 방문을 만든다.

결국 시각화를 적절히 사용하면 독자의 관심, 이해도를 높이고, 기억에 남게 함으로써 상대를 설득하는 데 더 유리하다. 발표할 때 시각화를 사용하면 상대를 설득하는 데 43% 더 효과적이라는 조사 결과가 있다.

015

3. 한 장의 생각들

비즈니스 모델 캔버스

한 장의 다이어그램으로 비즈니스 모델을 결정하는 주요 요인들을 한눈에 파악하고 간과한 요인들이 없는지 확인하도록 한다.

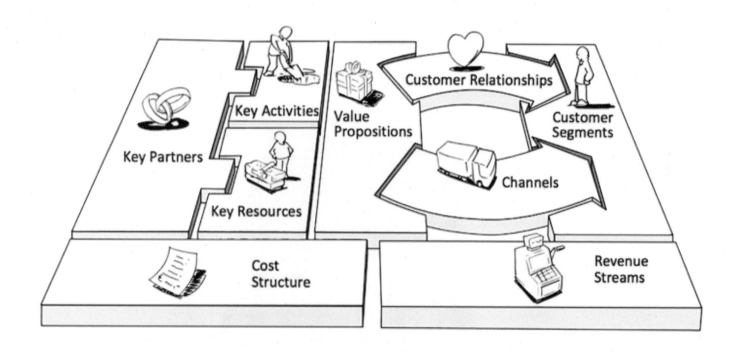

광고 포스터

1994년부터 사용해온 찢어지고 뜯긴 곳마다의 추억이 담긴 오래된 서핑 팬츠가 새것보다 좋다는 메시지를 통해 환경 보호를 강조하는 파타고니아의 한 장 광고

Patagonia® Surf Trunks from 1994

출처: patagonia.com

그림

영화나 만화 속 히어로처럼 코로나 시대의 진정한 영웅은 병마와 싸워 온 의료진이라는 영국 벽화가 뱅크시Banksy의 그림

출처: 인스타그램 @banksy

환경마크 제도란?

동일용도의 다른 제품에 비하여 **환경오염을 적게 일으키거나 자원을 절약할 수 있는 제품**에 대하여 인증을 부여하는 제도

환경마크 인증제품

■인증기업 수 ■인증제품 수

2,718개 사 — 2014년

3,142개 사 — 2015년

 3,419개 사 — 2016년

13,353개 — 2014년

16,647개 — 2015년

전년 대비 8.5% ↑ 18,068개 — 2016년

환경마크 인증절차 및 방법

환경마크 인증상담 안내
1577-7360

① 인증신청서 제출 및 접수

② 서류 검증 및 현장심사 계획 통보

③ 시험검사 및 현장심사

④ 심의자료 작성

⑤ 인증심의위원회 개최

⑥ 결과 통보

 ⑦ 인증서 교부

⑧ 환경마크 사용

출처: 한국환경산업기술원

마케팅 기획서

OOO 브랜드 런칭 마케팅 계획

Saizon PARIS

마케팅 목표	마케팅 전략	기대 효과

마케팅 목표

- 타겟 고객 대상 브랜드 인지도 향상
- 지속적인 커뮤니케이션을 위한 OOO 브랜드몰 회원 가입 유도
- 몰 방문 시 런칭 제품 구매 유인

마케팅 전략

- 뉴 미디어(인스타그램, 유튜브)에만 집중
- 마이크로 인플루언서(MI) 적극 활용(해외 XXX 브랜드 사례: 매출성장률 XX%)
- 새 브랜드는 MI 마케팅이 적합

기대 효과

- 정교한 타겟 고객 500만 명에게 새 브랜드 중복 노출
- 타겟 고객 150만 명의 브랜드몰 회원 가입
- 런칭 제품 구매 유도로 마케팅 기간 내 150억 원 매출

타겟 MI 발굴	콘텐츠 제작	콘텐츠 노출

타겟 MI 발굴

- 젠더리스 패션 마이크로 인플루언서 발굴
  - 구독자 3~10만 명
- MI와 협업 컨택
  - 현재 100여 명과 컨택 중
- MI와 협업 계약
  - 계약금 업시 발생 수익의 일부 제공(매출 연동 비용)
  - 최대 금액 설정: 5백만 원

콘텐츠 제작

- 인스타그램, 유튜브 브랜드 채널 신설
  - 개설 완료
- MI를 활용한 광고 콘텐츠 자체 제작
  - 인스타그램 post(사진)/ reels(영상)
  - 유튜브 영상 5초 광고/ shorts

콘텐츠 노출

- SNS 노출 광고
  - MI 구독자에 집중 노출
  - 10회 중복 노출
- 회원 가입 적립금 제공
  - 회원 가입 시 5천 원
  - 매출 발생 시에만 비용 발생
- 총 예산 14.5억 원
  - 예상 매출 대비 9.7%
  - 기존 20%의 절반 수준

예산   500백만원   예산   0원   예산   950백만원

- 진행 과정에서 발생 가능한 모든 리스크 브레인스토밍
- 발생 가능성과 발생 시 피해 규모로 리스크를 자체 평가
- TOP3 리스크 도출

TOP3 리스크	해소 방안
광고 반복 노출에 대한 타겟 고객의 피로감, 거부감	추가 비용 없이 광고 콘텐츠 수시 교체
새로운 브랜드와 제품에 대한 신뢰도 의구심	모 기업 브랜드 노출
마이크로 인플루언서의 부정적 사건사고	뒷광고 금지, 손해 배상 책임을 계약에 포함

4장 시각화 연습의 1. 마케팅 기획 참고

시각화 영상

구독자 50만 명의 〈책그림〉이라는 유튜브 채널에서는 한 권의 책을 요약해 설명한다. 우선 하나의 시각화 자료를 완성해 놓고, 스토리에 따라 시각화 요소(키워드, 아이콘과 이미지)를 차례로 표시하거나 카메라 초점을 이동해 가며 메시지를 전개하는 영상을 제공한다. 파란 상자와 그 위 숫자가 영상에 노출되는 영역과 순서이다.

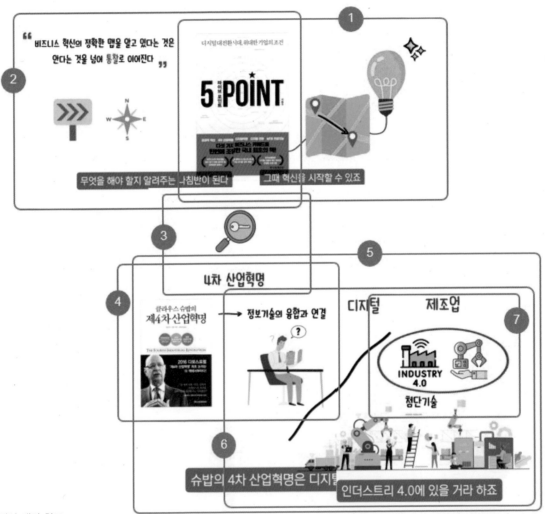

출처: 유튜브 〈책그림〉, 〈파이브 포인트〉 편

자기소개서

생각을 그리는 사람 **생그사**

Profile

1900년 00월 00일

📱 010-0000-0000

✉️ 생그사@000.com

📍 경기 안양시 동안구

학력

☑️ 2000년
OO고등학교 졸업

☑️ 2004년
OO대학교 졸업

경력

☑️ 2008년~2020년
환경/에너지/IT(전략)

☑️ 2020년~현재
전략기획, 시각화 컨설팅

MBTI

독립적인	분명한	지적인
내향적인	**INTP**	호기심 많은
독창적인	논리적인	자유로운

관심사

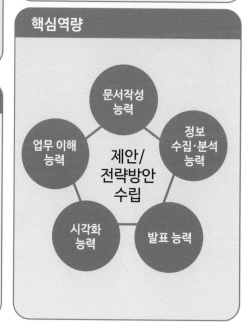

독서　여행　시각화
글쓰기　교육

핵심역량

문서작성 능력
업무 이해 능력
정보 수집·분석 능력
제안/ 전략방안 수립
시각화 능력
발표 능력

023

신제품 출시 상반기 실적 보고

프로젝트 개요

○ 신사업 발굴을 통한 신제품 출시
- 21년 10월~12월 오픈 설문 조사
- 22년 1월 정식 판매

○ 상반기 내 월 1,500억 이상 매출 달성 목표

○ 신제품을 통한 연간 이익 10% 향상 목표

마케팅 활동 요약

○ 블로그 체험단, 유튜브, 인스타그램 홍보

○ 제품협찬(PPL 광고)

○ TV광고 노출

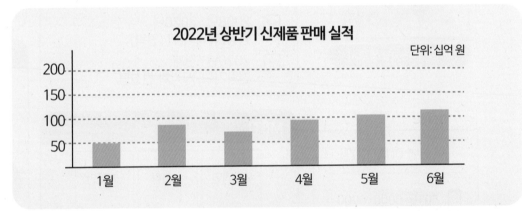

2022년 상반기 신제품 판매 실적

단위: 십억 원

	1월	2월	3월	4월	5월	6월

목표 대비 실적

○ 상반기 매출 목표 75% 달성

○ 꾸준한 매출 상승

○ 6월 최대치 달성 (1,200억)

문제 현황 파악

○ 예상보다 낮은 실적 (-25%)

○ 충성고객 확보 전략 필요

○ 불만 사항 개선 필요

개선 방안

○ MZ세대 겨냥한 홍보 확대

○ 재구매고객 할인 이벤트

○ 고객상담 서비스 도입

4장 시각화 연습의 4. 프로젝트 상태 보고 참고

SNS 포스팅

인스타그램 제이노트는 한 권의 책 내용을 한 장의 그림으로 시각화해 공유한다.

출처: 인스타그램 제이노트 @_j.note

Visualization

생각을 그리다

02

시각화 요소

1. 스토리|Story

　우리는 이야기를 좋아한다. '착한 사람은 상을 받고, 나쁜 사람은 벌을 받는다'는 교훈보다 〈콩쥐 팥쥐〉나 〈흥부 놀부〉의 이야기에 더 끌린다. 하지만 청자가 이미 이런 이야기를 잘 알고 있다면 그 이야기는 지루해진다. 그래서 사람들은 같은 메시지를 〈스타워즈〉나 〈어벤져스〉에 실어 이야기한다.

　시각화 결과물은 한 편의 이야기를 이해하기 쉽고 기억에 남도록 시각화한 것이다. 특히 그것은 청자에게 지루하지 않고 흥미진진한 이야기여야 한다. 이야기가 재미없으면 화려한 비주얼은 그저 잘 그린 그림일 뿐이다.

　좋은 이야기는 좋은 '구조'를 가지고 있다. 이야기를 듣는 사람들은 무의식적으로 이러한 구조에 넣어 이야기를 이해한다.

　그리고 좋은 이야기에는 '개연성'이 있다. 100% 모든 논리가 맞아떨어지지 않을 수 있지만 청자가 충분히 납득할 만한 논리가 뒷받침되어야 한다. 이야기를 듣는 청자가 고개를 갸웃하는 순간 집중력은 떨어진다.

　끝으로 좋은 이야기에는 '반전'이 있다. 청자가 뻔히 알고 있거나 쉽게 예상할 수 있는 결론은 지루하다.

마법 수 3

"좋은 이야기에는 어떤 특징이 있는가? (1) 좋은 구조, (2) 개연성, (3) 반전이 있어야 한다." 이 문장에도 마법 수 3이 쓰였다. 한 가지 이유는 왠지 빈약하다. 두 가지는 뭔가 채워지지 않은 허전함을 준다. 네 가지 이상은 기억하기에 너무 많다. 3가지는 기억하기 좋으면서 충분히 채워졌다는 느낌을 준다. 대체로 오래 구전되어 온 이야기는 서론, 본론, 결론의 구조를 가진다. 우리는 하루를 아침, 점심, 저녁으로 나눈다. 어떤 카테고리의 브랜드를 떠올려보자. 우리는 보통 카테고리당 3개의 브랜드를 기억한다. 훌륭한 컨설턴트들은 항상 3가지로 이야기한다.

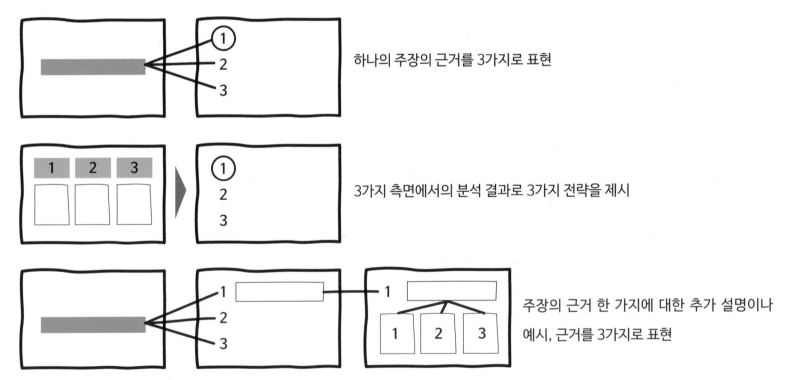

하나의 주장의 근거를 3가지로 표현

3가지 측면에서의 분석 결과로 3가지 전략을 제시

주장의 근거 한 가지에 대한 추가 설명이나 예시, 근거를 3가지로 표현

스토리보드Storyboard

전체 이야기를 여러 장의 카드에 나누어 적고 이를 이야기 흐름에 따라 배치해 보자. 이때 한 장의 카드는 하나의 주요한 메시지를 담고 있으며, 하나의 시각화 표현으로 대체할 수 있다. 그리고 하나하나의 메시지는 전체 이야기 구조 속에서 논리(개연성)와 반전을 만들어내는 데 기여해야 한다.

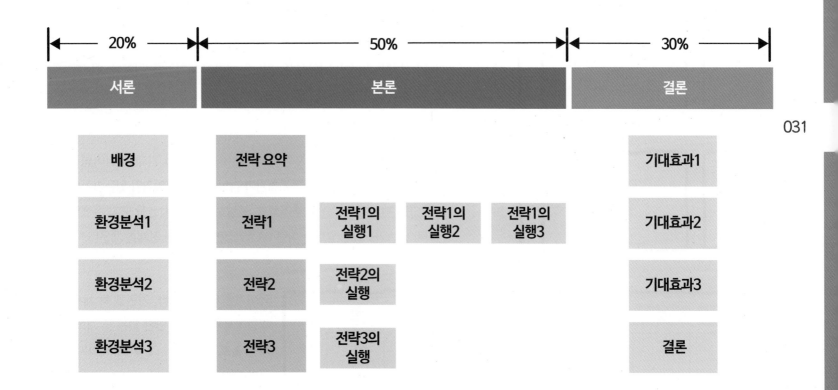

031

스토리 보완

이야기는 청자에 맞게 다듬어져야 한다. 청자는 무엇을 기대하는가? 청자는 무엇을 알고, 또 무엇을 모르는가? 어떤 미디어로부터 어떤 메시지를 주로 접하는가? 우선 이야기 구조와 메시지를 청자에 맞게 다듬고 이후에 키워드나 맞춤법 등 세부적인 부분을 수정한다.

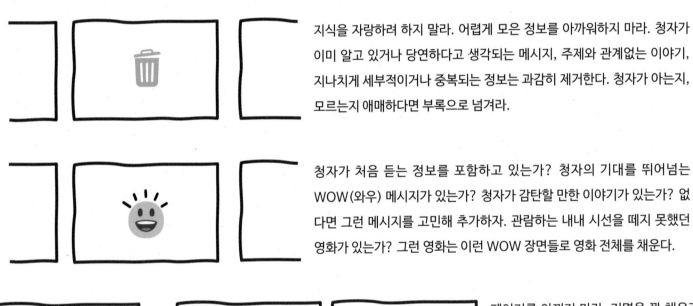

지식을 자랑하려 하지 말라. 어렵게 모은 정보를 아까워하지 마라. 청자가 이미 알고 있거나 당연하다고 생각되는 메시지, 주제와 관계없는 이야기, 지나치게 세부적이거나 중복되는 정보는 과감히 제거한다. 청자가 아는지, 모르는지 애매하다면 부록으로 넘겨라.

청자가 처음 듣는 정보를 포함하고 있는가? 청자의 기대를 뛰어넘는 WOW(와우) 메시지가 있는가? 청자가 감탄할 만한 이야기가 있는가? 없다면 그런 메시지를 고민해 추가하자. 관람하는 내내 시선을 떼지 못했던 영화가 있는가? 그런 영화는 이런 WOW 장면들로 영화 전체를 채운다.

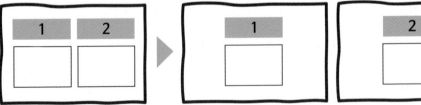

페이지를 아끼지 마라. 지면을 꽉 채우려는 부담에서 벗어나라. 연관 없는 두 개의 메시지는 둘로 분리한다. 그 후 각 페이지의 제거나 재배치를 고려한다.

2. 배치|Layout

전체 공간에 시각화 요소들을 어떻게 배치하느냐에 따라 시각화 결과에 대한 인상이 크게 달라진다. 메시지의 목적에 적합한 배치를 구상하는 것도 중요하지만, 일반적으로 사람들이 선호하는 배치를 이해하는 것도 중요하다.

사람들이 선호하는 배치는 그들이 자주 본 것에 의해 좌우된다. 우리는 주변에서 늘 자연을 접한다. 그래서 우리가 가장 안정되게 느끼는 배치는 '자연'에 있다. 자연은 자연스럽다. 하늘과 구름, 산과 나무, 절벽과 폭포, 꽃과 과일, 인체와 동물에서 우리는 자연스러움을 느낀다. 많은 예술 작품과 제품 디자인이 자연을 모방하는 이유이다.

또한 사람들의 배치에 대한 선호에는 그들이 자주 보는 '매체Media'가 영향을 미친다. 책과 신문이 주요 매체였던 시절에는 그러한 배치가 선호되었다. TV와 잡지와 같은 영상, 사진이 주력 매체로 등장하면서는 선호하는 배치가 바뀌었다. 이제 주력 미디어는 스마트폰과 PC로 바뀌었다. 젊은 세대들에게는 인터넷포털과 모바일 앱의 배치가 책이나 잡지보다 자연스러운 배치이다. 따라서 청자가 어린 세대라면 인기 있는 웹이나 앱의 배치를 참고하는 것이 도움이 된다.

035

우리는 어떤 '자연물'에서 아름다움을 느끼는가, 시각화 결과물을 볼 시 청자가 주로 보아온 '매체'는 무엇인가, 그것을 이해하는 것이 청자에게 더 설득력 있는 시각화 결과를 만드는 데 도움이 된다.

배치 기초

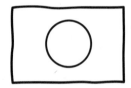

책은 어릴 때부터, 또 정규 교육 과정을 거치면서 가장 많이 접하는 매체이다. 따라서 우리는 책을 보던 습관에 따라 시각화 요소를 탐색하는 경향이 강하다. 시선은 왼쪽 위에서 시작해서 우측으로 이동하고 다음 줄의 왼쪽 앞으로 이동해서 이 과정을 반복한다. 따라서 처음으로 보아야 할 시각화 요소를 오른쪽이나 아래에 두는 것은 대체로 좋지 못한 배치이다.

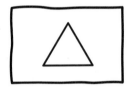

자연물은 대체로 대칭이다. 좌우 대칭이 가장 효율적인 모양이기 때문이다. 사람의 얼굴과 신체도 좌우 대칭이다. 우리는 대칭에서 안정감을 느끼고, 비대칭에서 긴장과 속도를 느낀다. 신뢰감을 전달해야 하는 메시지에서는 대칭을, 지루함을 긴장감으로 바꾸는 전환 국면에서는 비대칭 배치를 고려한다.

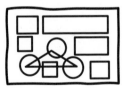
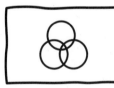

우리는 여백에서 아름다움과 안정감을 느낀다. 지나치게 많은 시각화 요소가 있으면 혼란을 느끼고 집중하지 못한다. 아름다운 자연 경관, 유명한 회화 작품, 멋진 시각화 광고에는 늘 여백이 있다.

배치 정렬

시각화 요소가 어떤 크기로 어떤 위치에 정렬되어 있는지는 시각화 결과물에 대한 전반적인 인상에 영향을 준다.

가장 안정감 있는 형태로, 좌우 대칭, 상하좌우 여백 대칭이며 시각화 요소의 크기와 간격이 일정한 배치이다.

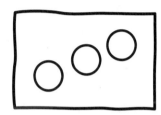

상승하며 이동하는 인상을 준다.

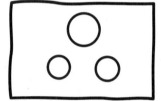

상위 요소가 하위 요소들을 포함하는 계층 구조의 인상을 준다.

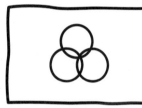

동등한 위상에서 서로 협력하고 결합하는 인상을 준다.

037

빠르게 성장하는 인상을 준다.

위에서 아래로 떨어지는 순차적 흐름의 인상을 준다.

같은 위상의 요소들을 나열하는 인상을 준다.

아래를 기반으로 위로 쌓아 올려진 탑이나 피라미드의 인상을 준다.

강조 배치

시각화 요소가 여럿일 때는 원하는 요소를 강조하는 배치를 활용할 수 있다. 가장 흔하게 이용되는 것은 크기, 색상, 모양, 위치이다. 또는 이들을 조합할 수 있다.

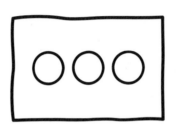

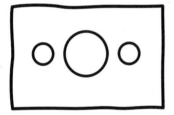

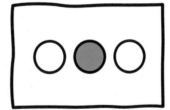

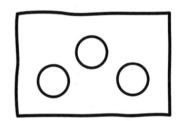

크기로 강조   색상으로 강조   모양으로 강조   위치로 강조

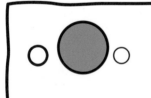

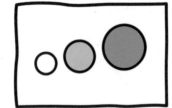

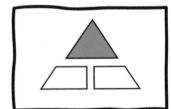

3. 키워드Keyword

메시지의 핵심 단어는 키워드이다. 키워드는 시각화 표현의 핵심 요소 중 하나이다.

따라서 적절한 키워드를 추출하고 적절하게 배치하는 것은 중요하다.

키워드 추출 연습

경제 기사 원문	1차 키워드 추출	키워드 최종 정리
최악의 인플레이션에 맞서는 과정에서 미국 경제가 침체에 빠질 거란 우려가 좀처럼 가시지 않고 있다. 미국을 중심으로 주요국들이 올해 내내 강력한 긴축 모드를 예고하면서, 글로벌 금융시장엔 이른바 'R(Recession·침체)의 공포'가 짙게 깔린 살얼음판 장세가 이어지고 있다.	최악의 인플레이션에 맞서는 과정 미국 경제 침체 우려 글로벌 금융시장 'R(침체)의 공포'	**원인** • 최악의 인플레이션 • 우크라이나전 장기화
28일 국제 신용평가사 스탠더드앤드푸어스(S&P)는 내년 미국 경제의 침체 위험을 종전 25~35%에서 35~45%(중간값 40%)로 올려 잡았다. S&P는 장기화하고 있는 러시아의 우크라이나 침공 사태가 불확실성을 키우고 공급망 차질을 지속시키고 있는 탓에, 내년 미국 경제가 저성장 불경기로 들어설 수 있다고 내다봤다. 그러면서 내년 성장률 전망치를 종전 2.0%에서 1.6%로 하향했다.	S&P, 미국 경제 침체 위험: 25~35% → 35~45%로 상향 러시아 우크라이나 침공 사태 장기화로 공급망 차질 지속 미국 내년 성장률 2.0% → 1.6%로 하향 전망	**조치** • 연준 금리 인상 계속: 7월 자이언트 스텝 가능성 95% • 연준 의장 경기 침체 가능성 언급
속수무책인 물가를 누르기 위해 미국 연방준비제도(Fed·연준)가 금리를 빠르게 올리면, 시중에 돈이 말라 경기가 침체에 빠질 거란 경고는 잇따르고 있다. 최근 국제통화기금(IMF)도 "미국이 경기 침체를 피할 길이 좁아지고 있다"며 올해 성장률 전망치를 종전 3.7%에서 2.9%로, 내년은 2.3%에서 1.7%로 각각 떨어뜨렸다.	연준 금리 인상으로 경기 침체 IMF, 미국 올해 성장률 3.7% → 2.9%, 내년 성장률 2.3% → 1.7% 하향	
그간 '경기 연착륙론'에 힘을 실어왔던 제롬 파월 연준 의장도 22일 경기 침체에 대해 "분명 가능성이 있고, 연착륙은 매우 도전적인 일"이라며 경기 침체 가능성을 인정하는 발언을 처음 내놨다. 그럼에도 인플레이션을 억누르기 위한 추가 금리 인상을 강하게 시사한 결과, 연방기금(FF) 금리 선물시장 참가자들은 연준이 7월 자이언트 스텝(0.75%p 인상)에 나설 확률을 95.1%(28일 오후 기준)로 보고 있다.	연준 의장도 경기 침체 가능성 인정 연방기금 금리 선물시장은 연준의 7월 자이언트 스텝(0.75%P 인상) 확률을 95.1%로 전망	**결과** • 글로벌 금융시장 'R의 공포': 주식시장 약세 • 내년 미국 경제 성장률 하향 (S&P 1.6%, IMF 1.7%) • 내년 경제 침체 위험 상향 (S&P 40%)
반등 기회를 엿보는 금융시장도 고강도 긴축에 따른 경기 침체 우려에 여전히 짓눌린 상태다. 간밤 뉴욕 3대 지수가 일제히 1% 미만 약세로 마감한 데 이어, 코스피는 장중 재차 2,400선 아래로 밀리는 불안한 장세를 연출했다. 다만 나 홀로 1,000억 원어치를 사들인 개인 매수세에 힘입어 오후 들어 상승폭을 확대한 결과 0.84% 오른 2,422.09에 장을 마쳤다.	뉴욕 3대 지수가 일제히 1% 미만 약세 마감 코스피는 장중 2,400선 이하 하락 개인의 1천억 원 매수로 0.84% 오른 2,422.09에 장 마감	

기사 원문: https://www.hankookilbo.com/News/Read/A2022062816010005155?did=NA

041

키워드 배치

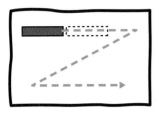

제목의 배치

제목은 시각화 표현에서 가장 먼저 보아야 할 요소로, 시선이 가장 먼저 닿는 최상단 좌측이나 중앙에 배치하는 것이 적당하다.

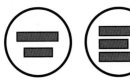

도형 안 배치

키워드의 글자수가 적으면 가운데 정렬로 배치하나, 여러 항목을 나열식으로 배치할 경우는 왼쪽 정렬한다.

도형 밖 배치

도형 내 아이콘을 두거나 키워드 내용을 도형 안에 넣기 어려우면 도형의 아래 또는 오른쪽에 키워드를 배치한다. 이때는 키워드가 인접한 다른 도형에 연결된 것으로 혼동되지 않도록 간격을 적당히 조정해야 한다.

글머리 기호

키워드 내용이 여러 줄일 경우에는 글머리 기호를 이용해 구분하고, 좌측 정렬해 표시한다. 두 단계 이상의 글머리나 지나치게 장식적인 기호 사용은 지양한다.

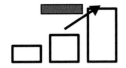

차트에 배치

키워드가 나타내는 바를 도형을 이용해 차트에 정확히 표시하고, 이 도형에 키워드를 배치한다.

폰트Font(서체) 사용 원칙

일관성	전체 시각화 결과물에서 두 가지 이하의 서체만을 일관되게 사용한다. 강조하는 키워드가 아니라면 같은 위상의 키워드에는 폰트 크기와 굵기를 일관되게 유지한다.
가독성	장식이 적어 가독성이 높은 서체를 사용한다. 명조체(세리프Serif)보다는 고딕 계열(산세리프Sans-Serif)의 서체가 가독성이 높다. 독자 입장에서 읽는 데 불편이 없는 최소 폰트 크기를 지정한다. 발표용 자료의 최소 폰트 크기는 14포인트이다. **굵게**, *기울임꼴*, 밑줄, 색상 등 폰트 꾸밈은 꼭 필요한 곳에만 최소한으로 사용한다.
호환성	시각화 결과물을 다른 사람의 디바이스에서 보는 경우 사용된 폰트가 설치되어 있는지 확인해야 한다. 또한 서체에 포함된 특수기호를 사용한 경우 제대로 표시되는지 확인한다. 이런 문제를 예방하려면 파일에 폰트를 함께 저장하거나 PDF 등 이미지 파일 형식으로 저장해 배포한다.
저작권	시각화 결과물을 상업적으로 이용하는 경우에는 저작권이 없거나 라이선스를 구매한 서체만을 사용해야 한다.

043

T三

4. 문장

　시각화 표현에서 완성된 문장은 최소한으로 사용한다. 문장으로 메시지를 전달하는 것이 더 적합했다면 애초에 시각화 표현을 고려할 필요가 없었기 때문이다.

　시각화 표현에 문장을 사용해야 한다면 주어와 술어가 명확한 짧은 단문이 좋으며, 필요에 따라 조사나 어미를 생략하기도 한다.

　의미가 중의적으로 해석되거나 혼란을 주는 문장은 피한다. 맞춤법과 띄어쓰기를 한 번이라도 잘못 사용하면 그때부터 청자는 메시지 자체보다 문장 오류에 집중하게 된다.

자주 틀리는 맞춤법과 띄어쓰기

단어	설명	예시
안 됨 / 안됨	'안 됨': 되지 않음('되다'의 부정형) '안됨': 일정한 수준에 이르지 못함, 좋게 이루어지지 않음	연결 안 됨 공부가 안됨
뿐만 아니라	'뿐'이 조사로 쓰이면 명사와 붙여서, 의존명사면 띄어 씀	연결뿐만 아니라 연결될 뿐만 아니라
~을뿐더러	어간에 어미 '을뿐더러'를 붙여 씀	없을뿐더러
수밖에	'수'(의존명사)+'밖에'(조사)로 붙여 씀	할 수밖에 없음 할 수 없음
하는 데 / 하는데	'데'가 의존명사로, 장소, 것, 경우를 나타낼 경우 띄어 씀 'ㄴ데'가 어미로 쓰여 상황을 설명할 때는 붙여 씀	연결하는 데 있음 연결되는데 가끔 끊어짐
-간	'간'이 기간이나 장소와 붙어 접사로 쓰이면 앞 단어와 붙여 씀 사전에 등재된 '남매간, 형제간, 부부간, 부자간, 내외간' 등 외의 관계를 나타낼 때는 띄어 씀	10년간, 십 년간 부부간, 친구 간
수-	'약간'을 의미하는 접두사 '수'는 '수일, 수개월, 수년, 수만' 등 사전에 표제어로 등재된 경우에는 붙여 씀, 그 외에는 띄어 씀	수 주 수만 년 전에, 수개월 동안
그중, 그곳, 그때 이후, 그다음	사전에 등재된 '그/이'+명사는 붙여 씀 등재되지 않은 '그 후' 등은 띄어 씀	그중 하나가 그 후, 하나를
마음속, 가슴속, 물속, 몸속, 바닷속, 머릿속	사전에 등재된 명사+'속'은 붙여 씀 등재되지 않은 단어는 띄어 씀	머릿속 생각과 가슴속 감정 연결 속에서
가능한 / 가능한 한	'가능하다'의 관형사형 + 명사 가능한 한(명사) + 형용사/부사	가능한 시간에 오시면 가능한 한 많이 드리겠습니다
-없이	사전에 등재된 '끊임없이, 상관없이, 관계없이, 빠짐없이, 거침없이, 더없이' 등은 붙여 쓰고, 그 외에는 띄어 씀	그와 상관없이 부모 없이 살다

045

4. 문장

문장 수정

원칙 기호	수정 대상	수정 방법
1	주어와 술어 일치	주어와 술어만 남겨서 둘의 관계가 맞는지 확인한다. 주어가 생략된 경우에도 생략된 주어를 살려 정합성을 확인한다.
2	중복 단어, 불필요한 수식어	같은 의미가 중복되는 단어나 불필요한 수식어를 제거한다.
3	반복 단어	반복되는 단어를 제거하거나 다른 단어로 바꾼다.
4	부정문	부정적인 인상을 주는 부정문을 긍정문으로 바꾼다.
5	이중 부정문	이중 부정문은 긍정문으로 바꾼다.
6	복문, 혼합문	긴 문장은 이해하기 쉬운 여러 개의 단문으로 바꾼다.
7	피동문	피동문은 가급적 이해가 쉬운 능동문으로 바꾼다.
8	복수 명사, 영단어	'들'과 같은 영어 문장과 외래어는 꼭 필요한지 검토한다.
9	'~의', '~적', '그'	대체할 수 있는 다른 단어로 교체를 고려하거나 삭제한다.
10	'왜냐하면~', '것은~'	'왜냐하면'으로 시작한 문장은 '때문이다'로 끝낸다. '것은, 점은'으로 시작한 문장은 '것이다'로 끝낸다.

문장 수정 예시

문장들은 그 의미를 정확하게 전달되도록 깔끔하고 정갈한 문장으로 바꾸지 않으면 안 된다.
　　　　8　9　　　　　　　　　　1, 7　　　　　　　2　　　　2　　　1, 3　　　　　4, 5
왜냐하면 그래야 문장의 의미를 바로 이해하고 쉽게 이해될 수 있는데, 가장 효과적인 방법은
　　2　　　　　　　　　　　　　2, 3　　　　　1, 7　1, 6, 10　　　　　9
간단한 구조를 가진 능동적이고 심플한 단문들로 문장을 모두 바꾼다.
　　　2　　　　2, 9　　　2, 8　　　8　　　3　　2　　1, 10

정확한 의미를 전달하도록 문장을 깔끔하게 다듬어야 한다. 그래야 독자가 문장의 의미를 쉽게 이해할

수 있기 때문이다. 가장 좋은 방법은 간단한 단문으로 바꾸는 것이다.

• 문장을 깔끔하게 수정 → 독자 이해도 향상

• 최선의 문장 수정 방법: 단문으로 전환

1
2
3

5. 숫자

시각화 표현에서 숫자는 빠질 수 없는 요소이다. 숫자는 글자보다 강력한 힘을 가지고 있다. "사업성이 좋습니다"라고 말하는 것보다 "이익이 50% 증가합니다"라고 표현하는 것이 더 낫다. "지지율이 좋습니다"보다 "상대보다 지지율이 10%p 더 높습니다"라고 말해야 한다.

숫자는 무엇보다 정확성이 중요하다. 0과 점 하나에 메시지가 완전히 달라진다. 숫자에서 신뢰를 의심받게 되면 전체 주장에 대한 신뢰도가 떨어진다.

숫자 표현

1,000,000

쉼표 표시

영어의 숫자 단위인 천thousand, 백만million, 십억billion 단위마다 쉼표를 찍어 숫자 가독성을 높인다.

(단위: 백만 원)

| 5 | 10 | 20 |

단위 표시

숫자에는 반드시 단위가 표시되어야 한다. 같은 단위가 반복될 경우에는 별도로 표시한다. 금액일 경우 쉼표 단위인 '원, 천 원, 백만 원, 십억 원' 등이 단위로 사용되며, 필요에 따라 '억원'이 사용되기도 한다.

123,456
12,345
1,234.5

오른쪽 정렬

소수점이 없는 정수는 오른쪽 정렬하여 표시하며, 소수점이 있는 경우 소수점을 기준으로 오른쪽 정렬한다.

049

0. 03400

유효숫자 4개

유효숫자

$3.0 \div 11.0$은 $0.272727\cdots$로 무한 반복된다. 이 숫자를 소수점 아래 어디까지 표시해야 할까? 이를 위해서는 먼저 '유효숫자' 개념을 이해해야 한다. 유효숫자란 근사치가 아닌 정확한 수치라는 의미로, 단순하게 생각하면 0이 아닌 숫자들이다. 단, 소수점 아래의 끝에 붙은 0은 유효숫자로 본다.

0.27?
0.273?

소수점 아래 수

두 수의 덧셈과 뺄셈으로 얻어진 값은 소수점 아래 자릿수가 적은 쪽에 맞춰 반올림한다. 곱셈과 나눗셈에서는 유효숫자의 개수가 적은 쪽에 맞춰 반올림하여 표시한다. 따라서 $3.0 \div 11.0$의 최소 유효숫자는 3.0의 2개이므로 0.27까지만 표시한다. 백분율로 표시할 때도 27%로 표시한다.

백분율 % Percent

성장률	일정 기간 동안의 성장률은 다음과 같이 계산한다. $$\frac{\text{성장분}}{\text{기간 초 숫자}} \times 100 = \frac{(\text{기간 말 숫자} - \text{기간 초 숫자})}{\text{기간 초 숫자}} \times 100 = \left(\frac{\text{기간 말 숫자}}{\text{기간 초 숫자}} - 1 \right) \times 100$$ 2배로 성장하게 되면 성장률 100%가 되고, 3배가 되면 성장률은 200%다.
음의 성장률	성장분이 음수이면 성장률은 음의 값을 가질 수 있다. 예를 들어 기간 중 규모가 절반으로 줄었다면 성장률은 -50%가 된다. 하지만 주의할 것은 기간 초 숫자나 기간 말 숫자 자체가 음수인 경우이다. 예를 들어 기간 초 이익이 -5이었다가 기간 말 5가 된 경우 이익 성장률은 얼마일까? 수식대로 계산하면 -200%가 된다. 이익이 느는 성장을 했는데도 음의 성장률로 표현된다. 이런 경우는 백분율이 아닌 '흑자 전환(또는 흑전)'으로 표시해야 한다. 흑자였다가 적자가 된 경우도 백분율 숫자는 의미가 없고 '적자 전환'으로 표시한다.
이익률, 수익률	이익률, 투자 수익률 등은 다음 식으로 계산한다. $$\frac{\text{이익분}}{\text{투자분 또는 모수}} \times 100$$ 이때 이익분이 음수로서 손실이 되면 이익률은 음수가 된다.
%p	'예상 성장률을 20%에서 15%로 5% 하향 조정했다'고 표현하는 것은 옳지 않다. 왜냐하면 %는 비율을 표시하므로 20%에서 15%로 줄어들면 성장률은 -25%이기 때문이다. 여기서 5라는 값은 두 값을 산술 뺄셈한 값이므로 포인트를 의미하는 'p'를 붙여 5%p로 표시해야 옳다.

통계 표시

표본조사와 오차범위	조사 대상 전체를 조사한 통계자료라면 상관없지만 모수 전체 중 일부를 임의 추출해 조사한 통계 결과라면 추출된 표본집단의 성격에 따라 통계 결과가 왜곡될 수 있다. 이를 위해 표본 추출한 통계자료는 조사 대상을 확인하고, 신뢰 수준과 오차 범위를 함께 표시해 결과에 대한 신뢰도를 확인할 수 있도록 한다. 통계 결과치가 신뢰 수준 95%에서 표본 오차가 ±3%p라면 전체 모집단을 대상으로 한 조사 결과가 오차 범위 내에 있을 확률이 95%라는 의미이다.
평균과 표준편차	(0, 50, 100)과 (25, 50, 75), (50, 50, 50)의 평균값은 모두 50이다. 하지만 분포는 매우 상이하다. 평균값을 사용하는 경우에는 평균값과의 차이를 표현하는 표준편차를 함께 표시해 이러한 분포를 알 수 있도록 한다. 참고로 (0, 50, 100)의 표준편차는 50이고, (25, 50, 75)는 25, (50, 50, 50)는 0이다.
출처	통계의 출처와 조사 시기, 출판 시기를 반드시 표시한다. 가능하다면 웹 주소URL를 함께 표시한다.
일관성	서로 다른 통계 결과를 비교하거나 함께 표시하는 경우 기간, 모수, 신뢰도 등이 일치하거나 통계치가 의미 있는지 확인해야 한다. 두 후보의 지지도를 비교하는데, 한 후보에 대한 조사는 서울 지역만을 대상으로 신뢰 수준 99%로 조사한 결과이고, 다른 후보는 전국을 대상으로 신뢰도 95%에서 조사했다면 두 결과를 비교하는 것은 통계적으로 의미가 낮다.

051

6. 색상Color

우리가 콘텐츠에서 가장 먼저 접하는 시각화 요소는 도형도, 키워드도 아닌 색상이다. 적절한 색상 사용은 시각화 결과물의 단조로움과 지루함을 없애고 전달하려는 메시지에 청자와 독자가 집중하는 것을 돕는다. 하지만 메시지와 어울리지 않는 색상이나 지나치게 많은 색상을 사용하게 되면 메시지에 대한 잘못된 인상을 주거나 도리어 메시지 집중도를 떨어뜨린다. 따라서 메시지와 청자에 적합한 색상을 선택하고 적절하게 사용할 수 있어야 한다.

청자가 어린이들이라면 원색에 가까운 다양한 색이 집중을 유도할 수 있다. 하지만 성인은 같은 시각화 결과물을 유치하다고 느낀다. 청자가 성인으로 바뀌면 색상의 채도를 떨어뜨리고 명도를 올려서 톤을 수정해야 할 수도 있다.

어떤 색상은 조직이나 집단을 상징하기도 한다. 이런 것에 주의하지 않으면 경쟁 집단의 색상을 사용하거나 특정 집단을 목표한 것으로 오인될 수 있다.

시각화 메시지가 통계와 사실을 전달하는 목적이라면 따뜻한 색보다는 차가운 색을 써서 신뢰감을 높이는 것이 좋고, 반대로 상대의 열정을 불러일으키고 동기 부여하려는 목적이라면 따뜻한 색 사용을 고려해 볼 수 있다.

053

색상 팔레트Color Palette

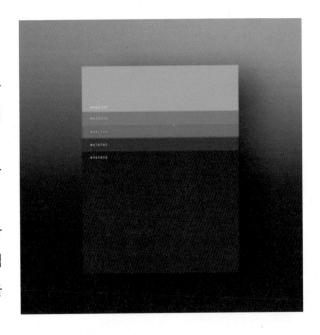

　시각화 표현에서 색상은 시각화 결과물의 전반적인 인상에 영향을 주고, 강조에 활용된다. 하지만 지나치게 많은 색상을 일관성 없이 사용하게 되면 이러한 효과를 얻지 못하고 조잡하고 지저분한 인상을 주게 된다.

　따라서 시각화 표현에 앞서 색상 팔레트를 만들어 두고 팔레트의 색상만을 사용하여 시각화 표현을 구성하는 것이 좋다.

　팔레트 색상 수는 목적에 따라 다르지만 보통 2가지의 무채색과 2~3가지의 강조 색상 등 5가지 내외에서 정한다. 만약 기업이나 브랜드 표준 색상이 있다면 이 색상을 팔레트에 포함하여 시각화 결과물에 대한 친숙함을 올릴 수 있다.

　하나의 대표 이미지에서 색상을 뽑아 팔레트를 만들 수도 있고, 인터넷에서 색상 팔레트를 검색하여 전문가들이 만든 색상 팔레트를 참조할 수도 있다. 또한 색상마다 고유한 느낌이 있기 때문에 전달하고자 하는 메시지와 맞는 색 느낌을 고려하여 강조 색상을 선택할 수 있다. 색 느낌에 대해서는 다음 페이지를 참조하자.

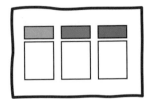
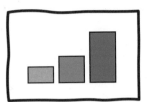
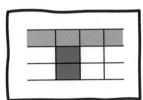

색상 팔레트 예시

| #E0979F |
| #CF515A |
| #2B1515 |
| # BFBFBF |
| #F2F2F2 |

| #416174 |
| #284D64 |
| # CB763D |
| #C0C0C0 |
| #FFFFFF |

| # 2A2A2A |
| #255534 |
| # 343434 |
| # E1E1E1 |
| #FFFFFF |

| #D1D4DE |
| #8B94AC |
| #515367 |
| #151515 |
| #FFFFFF |

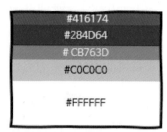

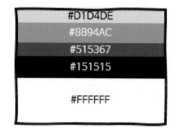

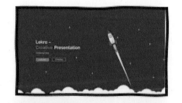

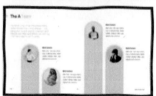

055

색 느낌Color Emotion

우리가 자연물에서 보아온 사물의 색상과 그 사물의 느낌 때문에 우리는 어떤 색상에 대한 일관된 느낌을 가진다. 우리는 불을 빨강으로, 태양을 노랑으로 인지하고 기억한다. 그래서 빨간색과 노란색은 따뜻하고 열정적인 인상을 준다. 반면에 물은 차다고 인지한다. 그래서 파란색은 차갑고 냉정한 느낌을 준다. 숲과 나무는 초록색과 갈색으로 상징된다. 그래서 우리는 그런 색상에서 안정감과 아늑함을 느낀다.

빨강	열정, 흥분, 사랑, 쾌락, 용기, 도전, 위기, 조심	불, 피, 심장, 꽃, 열매
주황	행복, 즐거움, 창조, 낙관적, 주의집중	열매, 석양, 꽃, 가을
노랑	매력, 긍정, 자극, 기회, 행복, 유쾌, 에너지	태양, 꽃, 열매, 곡식
연두	성장, 육성, 자연, 편안, 친절, 풍요, 재생	어린잎, 새싹, 봄
초록	자연, 건강, 편안, 안전, 휴식, 조화, 재생, 기여	숲, 산, 나무, 여름
하늘색	자유로운, 청량한, 시원, 맑음, 가벼운, 냉정	하늘, 바다, 물
남색	신뢰, 책임감, 냉정, 정직, 안정감, 차분	심해, 밤
보라	럭셔리, 미스테리, 상상, 창의, 영적인, 충성	꽃, 귀족
핑크	사랑, 놀이, 유아적인, 여성적인, 미	꽃, 피부, 아기
갈색	편안, 자연, 안정, 건설, 경작, 비옥한	나무, 장작, 흙, 곡식, 집, 가축
회색	무게감, 영구적인, 정적, 중립, 중성적, 보수적인	돌, 바위, 시멘트, 먹구름, 겨울

같은 메시지라도 사용한 색상에 따라 전체적인 인상과 느낌이 달라진다. 시각화의 목적이 무엇인지, 독자와 청자가 특정 색상에 대한 어떤 선입관이나 인상을 가지고 있는지는 시각화 효과에 무의식적으로 영향을 준다.

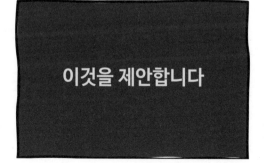

부드러운

가벼운 부드러운 투명한

아기자기한 밝은 상쾌한 **맑은** 섬세한 순수한 연약한

즐거운 **귀여운** 싱싱한 깔끔한 유연한

신선한 맑은 얇은 정다운 **온화한** 약한

재미있는 사랑스러운 여성적인 친근한 **내추럴한** 매끄러운 잔잔한

쾌활한 달콤한 향기로운 감성적인 풍성한 자연적인 소박한

젊은 새로운 전원적인 편안한 안정된

스포티한 **경쾌한** 장식적인 환상적인 포근한 단정한 가지런한

활동적인 자유로운 여유있는 넉넉한 감각적인 편리한 간편한 정돈된 그윽한

동적인 선명한 율동적인 한국적인 매력적인 성숙한 멋진 **우아한** 심플한 정적인

다양한 동양적인

돋보이는 복잡한 **화려한** 고급스러운 단순한 **은은한**

시원한 클래식한

뛰어난 차가운 세련된 품위있는 조용한 정적인

개성적인 인공적인 하이테크한 격식있는 수수한

다이나믹한 실용적인 여성적인 보수적인 **고상한**

진보적인 지적인 전통적인 차분한

혁신적인 서양적인

기운찬 도시적인 **점잖은** 오래된 올드한

강인한 **모던한** 남성적인 견실한 중후한 멜랑꼴리한

강한 거친 기능적인 깊은 견고한 탁한

와일드한 딱딱한 무거운

어두운

딱딱한

출처: IRI Design Institute

출처: IRI Design Institute

6. 색상Color

7. 아이콘 Icon

우리는 문자보다 이미지를 더 빠르게 인식하고 더 오래 기억한다. 익숙해진 상징은 문자보다 쉬운 이해를 돕는다. 당신이 자주 사용하는 소프트웨어 메뉴나 앱에 있는 아이콘들을 살펴보자. 잘 디자인되고 적재적소에 사용된 아이콘은 백 마디 말보다 낫다.

아이콘 사용 원칙

꼭 필요한 곳에만

글자보다 간단한 이미지가 더 나은 기억, 연상, 설득을 유도할 수 있는 곳에만 제한적으로 사용한다. 무분별한 아이콘 사용은 유치한 느낌을 주어 자료의 신뢰도를 떨어뜨린다.

정확한 상징으로

기본적으로 아이콘만 보고도 어떤 의미인지 유추할 수 있어야 한다. 필요하다면 아이콘 하단이나 오른쪽에 아이콘이 나타내는 바를 간단한 단어로 설명한다.

**같은 크기와
같은 스타일로**

아이콘에는 디자이너의 개성이 담겨있다. 따라서 가급적 한 디자이너의 아이콘을 같은 크기로 사용할 것을 추천한다. 부득이한 경우 비슷한 스타일의 아이콘을 골라 사용한다.

061

**높은 해상도나
벡터 이미지로**

낮은 해상도의 아이콘을 사용하면 자료의 전체 품질이 낮아 보인다. 적어도 선이나 경계가 무뎌 보이지 않는 해상도의 아이콘을 사용한다. SVG와 같은 벡터 이미지를 사용하면 아무리 확대해도 선이 뭉개지지 않는다.

색상 팔레트에 맞춰

라인 아이콘이라면 가급적 무채색을 사용하며, 아이콘에 색상을 적용하는 경우에도 화려한 아이콘보다는 이미 정의된 색상 팔레트에 맞춰 색상을 사용한다.

아이콘 사용 예

메시지의 핵심 키워드를 큰 아이콘으로 강조

3~4가지 요소를 나열해 설명하는 경우
각 요소를 상징하는 아이콘 사용

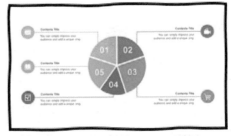

여러 요인들을 한눈에 이해할 수 있게
상징으로 표현하는 경우

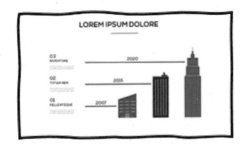

핵심 메시지가 눈에 띄도록
아이콘을 사용해 강조

메시지 설명이나 인포그래픽 차트를 위해
아이콘을 확대해 사용

단조로움을 피하고
분위기를 환기시키기 위해

무료 아이콘

Noun Project 사이트(https://thenounproject.com)에서 다양한 디자이너들의 아이콘을 검색하고 무료로 이용할 수 있다. 영어로 키워드를 검색하고 적절한 아이콘을 찾아 투명한 배경 이미지의 PNG 이미지 파일이나 SVG 벡터 파일로 아이콘을 다운받을 수 있다.

컬렉션Collection이나 디자이너로 검색 결과를 필터링하면 같은 스타일의 다른 아이콘들도 바로 찾을 수 있다.

간단한 아이콘은 MS 파워포인트나 어도비 일러스트레이터에서 직접 만들 수 있다. 선이나 도형 그리기 도구를 사용하여 기본 모양을 그리고, 선 위에서 팝업 메뉴를 띄워서 '점 편집'을 선택하면 점을 추가하거나 삭제하고, 점에서의 선 각도나 부드러운 선 여부를 수정할 수 있다.

여러 도형이나 선을 이용해 아이콘을 만들고 그룹으로 지정해두면 아이콘을 복사하여 다양하게 이용할 수 있다.

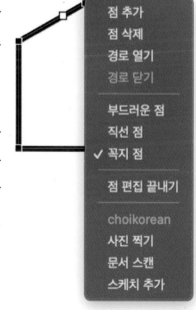

8. 이미지 Image

사진이나 이미지, 그림은 시선을 강하게 끄는 시각화 요소이다.

이미지 사용 원칙

꼭 필요한 곳에만 메시지 전달에 필요한 이미지가 아닌 경우, 분위기 전환 등 꼭 필요한 목적이 있을 때에만 사용한다. 이미지가 너무 많거나 필요 이상으로 자극적이면 메시지가 희미해지고, 시각화 표현이 조잡해 보인다.

색상 톤 일치 가급적 색상 팔레트와 유사한 색상과 톤의 이미지를 사용하거나 이미지 색상을 보정해 시각화 표현에 통일성을 준다. 이미지의 대비와 채도를 조금 낮추면 너무 튀는 부작용을 잡아줄 수 있다.

높은 해상도 가급적 높은 해상도의 이미지를 사용한다. 작은 이미지를 확대해 이미지 경계가 흐려진다면 차라리 사용하지 않는 편이 더 낫다.

글자 가독성 글자를 함께 배치하는 경우 이미지와 겹쳐서 글자를 읽기 어려운 상황을 피한다. 이미지의 여백 부분에 잘 보이는 색상으로 표현하거나, 이미지 위에 반투명 도형을 덮고 그 위에 잘 보이는 색으로 글자를 표현한다.

저작권/초상권 저작권이 있는 이미지나 다른 사람의 얼굴 이미지를 대가 없이 사용하면 안 된다. 무료 이미지 사이트나 구글 이미지 라이선스 조건으로 검색하면 무료로 사용한 가능한 이미지를 구할 수 있다.

이미지 사용 사례 1

메시지에 핵심적인 이미지

제품이나 인물 소개, 설계도나 지도 등 메시지에 직접적인 관련이 있는 이미지는 대상을 정확하게 파악할 수 있도록 핵심 부분을 높은 해상도로 표현한다.

이미지 톤을 자료의 색상 팔레트와 맞추면 더 보기 편하고 아름다운 시각화 표현이 된다. 배경을 투명 처리하고 사물만 표현할 수 있다.

같은 이미지라도 어느 부분을 강조해 보여주느냐, 어떤 스타일로 보여주느냐에 따라 전달되는 분위기가 다르다.

이미지 사용 사례 2

분위기 환기를 위해

글자로만 이루어진 시각화 표현의 지루함을 없애고, 중간중간 분위기를 전환하기 위한 목적으로 메시지와 연관된 이미지를 적절하게 활용한다.

제목이나 간지, 마지막 페이지에 큰 이미지를 사용한다. 이미지와 글자가 겹치지 않고 서로 어울리도록 배치와 색상에 신경 쓴다.

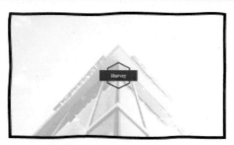

배경 이미지를 어둡게, 환하게, 또는 흐리게 변형하고 간단한 메시지를 이미지와 반대 색상으로 이미지 여백에 표현한다.

Visualization

생각을 그리다

03

시각화 표현

16가지 표현 공식만 알면 어떤 생각도 시각화가 가능하다.

우리가 무언가를 눈으로 보고 뇌로 이해하는 방식은 대체로 비슷하다.

그래서 우리에게 친근하고 이해하기 쉬운 시각화 공식이 존재한다.

이 장에서는 거의 모든 생각을 시각화할 수 있는 7가지 범주의 16가지 표현 공식을 알아보고

실제 적용하는 연습을 해본다.

16. 변화식

14. 막대/선 차트
15. 원/기타 차트

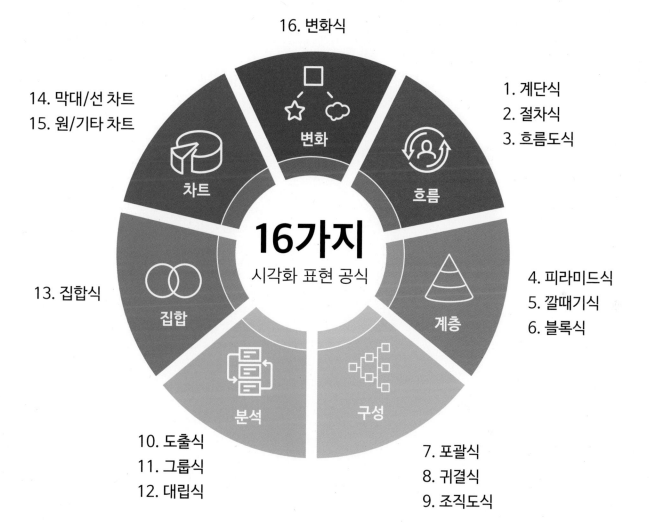

변화

흐름

차트

16가지
시각화 표현 공식

1. 계단식
2. 절차식
3. 흐름도식

4. 피라미드식
5. 깔때기식
6. 블록식

계층

13. 집합식

집합

분석

구성

10. 도출식
11. 그룹식
12. 대립식

7. 포괄식
8. 귀결식
9. 조직도식

1. 흐름flow

시간과 일의 순서 흐름을 시각화할 때 자주 사용되는 표현 공식으로, 계단식, 절차식, 흐름도식이 있다.

073

1식: 계단식

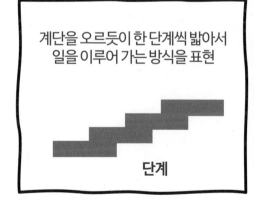

계단을 오르듯이 한 단계씩 밟아서
일을 이루어 가는 방식을 표현

단계

2식: 절차식

일을 치르는 데 거쳐야 하는
순서나 방법을 표현

순서

3식: 흐름도식

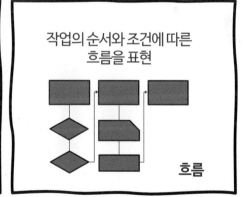

작업의 순서와 조건에 따른
흐름을 표현

흐름

1. 흐름flow

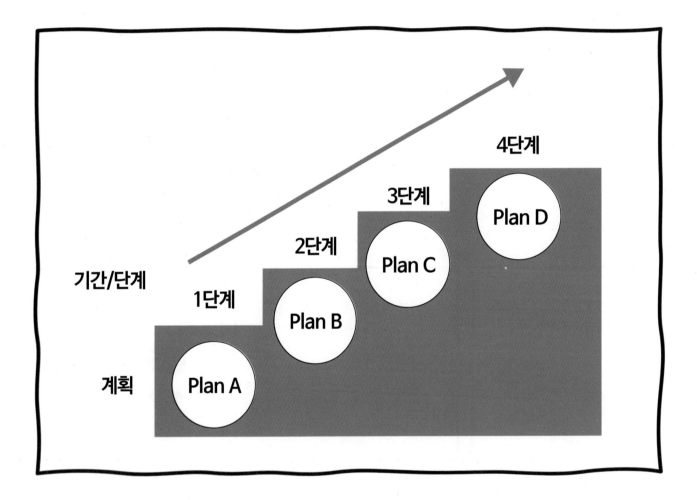

계단식은 계단을 오르듯 한 단계씩 밟아서 일을 처리해 가거나 계획을 가지고 목표를 향해 가는 모습을 표현한다. 단계별로 세부 목표와 세부 계획이 있고, 이를 달성하고 다음 단계로 넘어가는 생각을 표현하기 적합하다.

각 계단은 하나의 단위 기간이 되고, 이 기간 중에 달성해야 하는 단위 목표가 존재한다. 한 계단을 오르기 위한 행동들이 세부 계획이 된다.

시각화할 때 주로 기간이나 단계는 계단 위쪽에, 목표나 계획은 계단 아래에 배치한다. 이때 목표와 계획은 명확히 구분한다.

075

▶ 이런 용어가 나올 때 많이 사용해요!

연차 계획 / 고도화 / 로드맵 / 단계적 / 기간별 / 단기와 중장기

1. 흐름flow

계단식 표현방식

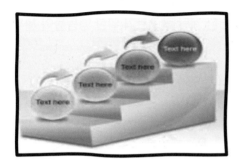

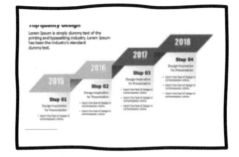

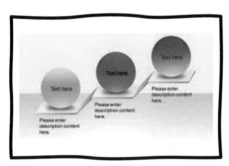

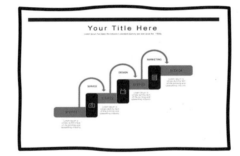

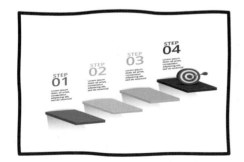

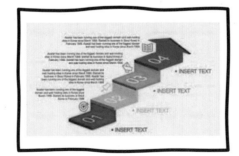

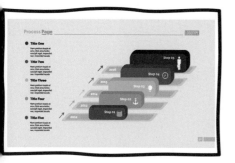

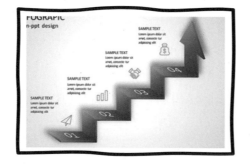

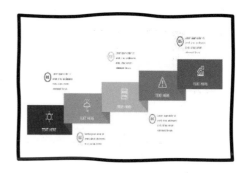

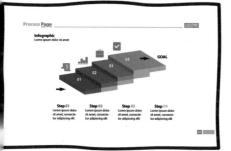

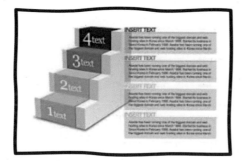

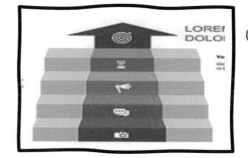

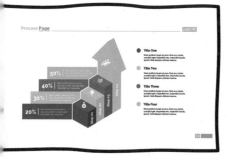

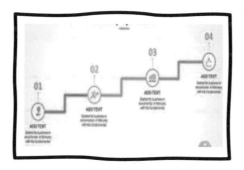

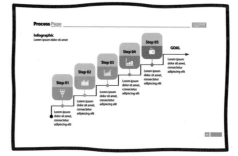

예시

A는 건강 검진 결과, 체중 감량이 꼭 필요하다는 진단을 받고 다이어트를 하기로 결심했습니다. 아래는 A의 3개월간의 **매월** 다이어트 **계획**입니다.

2월에는 아침 조깅을 조금씩 시작하면서 체력을 기르고, 좋아하는 라면은 중단합니다. (2kg 감량 목표)

3월부터는 아침 조깅 거리를 늘리고, 등산 모임에 가입해 주말마다 등산을 합니다. 라면 금식은 유지합니다. 소식하고, 저녁 6시 이후에는 아무 것도 먹지 않습니다. (2kg 감량 목표)

4월에도 3월에 했던 계획을 잘 지켜 나가면서, 추가로 주 2회 PT를 받습니다. (2kg 감량 목표)

예시
풀이

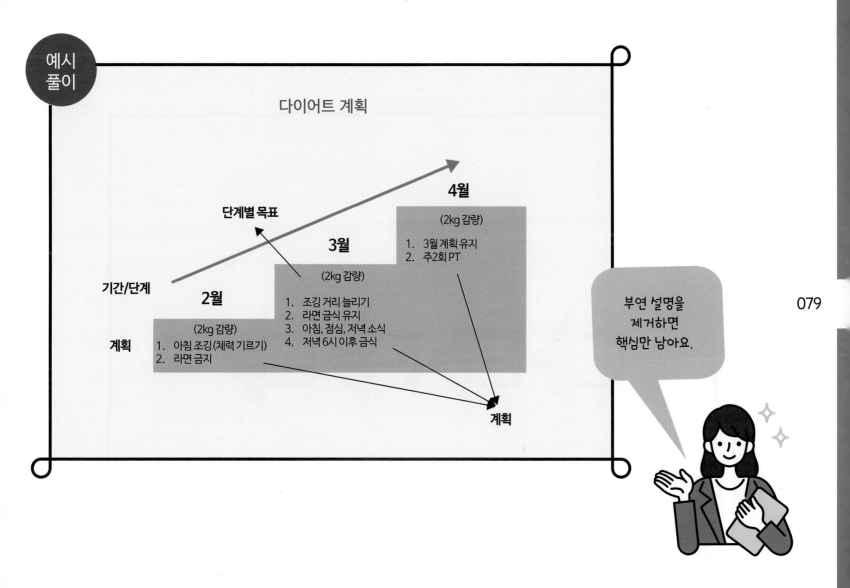

079

1. 흐름flow

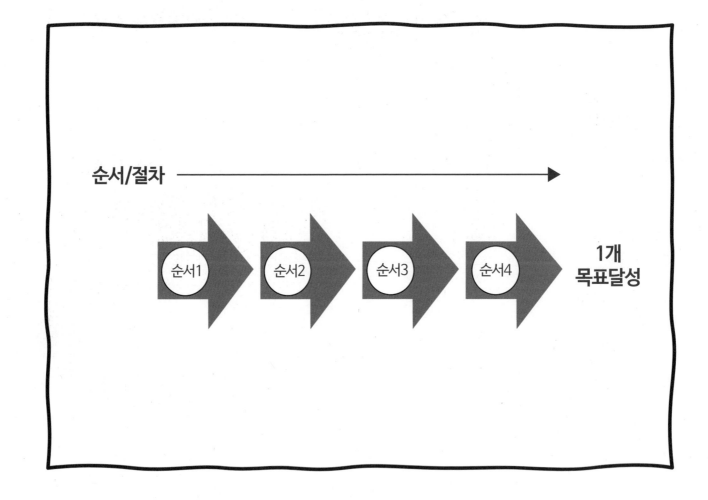

절차식은 목표를 달성하기 위한 방법을 순서대로 나열하는 표현 공식이다. 예를 들어 떡볶이를 만드는 레시피를 생각해 보자. 레시피의 각 절차를 순서대로 따라하면 떡볶이가 완성된다. 이렇게 목표를 달성하기 위해 순차적으로 처리해야 할 것들을 순서대로 표현한다.

계단식이 각 단계에서 하나의 세부 목표를 달성하며 최종 목표까지 가는 여러 과정을 연결해 놓은 것이라면, 절차식은 한 단계 안에서도 세부 목표를 달성하기 위해 해야 할 일들을 순서대로 풀어 설명하는 데 더 적합하다.

절차식을 시각화할 때는 순서의 방향을 명확히 표시해 주는 화살표 도형이 가장 많이 쓰인다. 화살표 안이나 위에는 순서를 표시하거나, 그 순서에서 핵심 과정을 표현하는 키워드를 표시한다. 화살표 도형 아래에는 추가적인 설명을 단다.

▶ 이런 용어가 나올 때 많이 사용해요!

프로세스process / 절차 / 흐름 / 순서 / 스텝step

절차식 표현방식

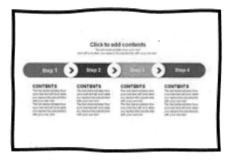
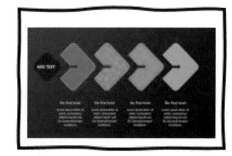
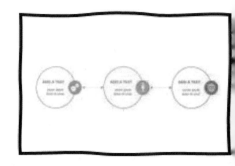

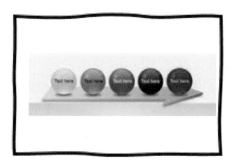

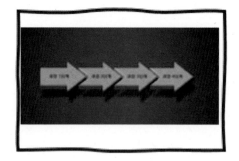
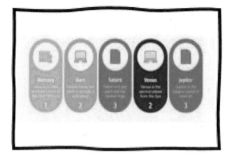
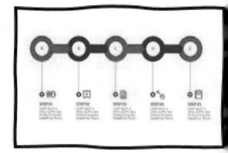

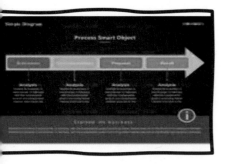

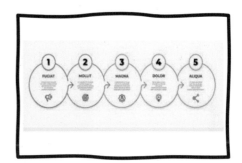

083

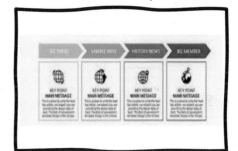

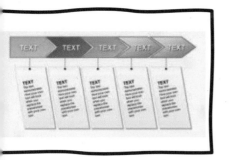

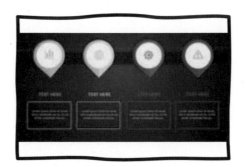

1. 흐름flow

예시

B양은 친구와 함께 2박 3일 일정으로 제주도 여행을 가기로 했다.

우선 함께 여행이 가능한 일정을 조율하고, 그 일정에 맞는 비행기표를 예매하기로 했다. 그 후 일정에 맞춰 호텔과 렌터카도 예약한다.

B양은 친구에게 각자 가보고 싶은 여행지들을 먼저 찾아보자고 제안했다.

그 후에 친구와 만나 최종 여행 일정 계획을 세워 보기로 한다.

예시
풀이

<2박 3일 제주 여행 계획>

1단계 ➡

2단계 ➡

3단계 ➡

① 여행 일정 조율
② 비행기표 예매

① 호텔 예약
② 렌터카 예약

① 각자 여행지 정보 수집
② 최종 일정 계획 수립

일의 순서에 대해
이야기할 때
절차식이
쓰인답니다.

085

1. 흐름flow

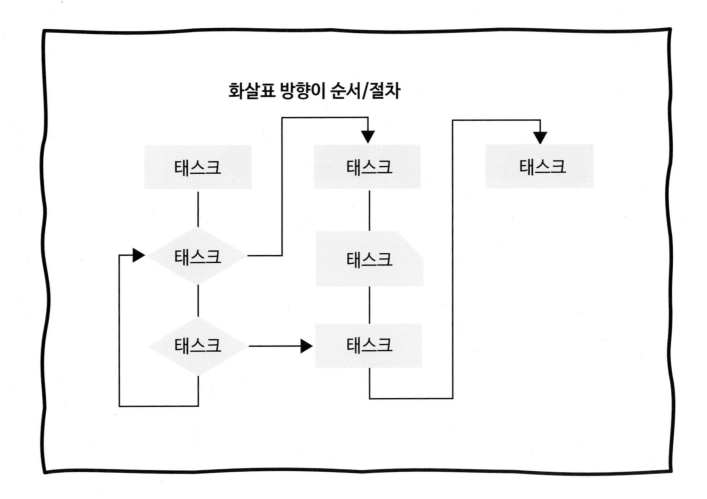

화살표 방향이 순서/절차

일의 순서 혹은 과정이 흐르는 방향을 표현하는 표현 공식이 흐름도식이다. 절차식과 다른 점은 조건에 따라 여러 방향으로 흐름이 분기할 수도 있어 복수의 흐름이 존재할 수 있다는 점이다.

흐름도에서는 작업의 기능에 따라 도형을 다르게 표현하며, 질문을 통해 분기하는 경우 마름모 도형을 사용하는 등 전형적인 도형이 있다. 도형은 화살표로 연결하는데, 화살표를 따라 흐름이 이동하기 때문에 이를 명확하게 표시해 주어야 한다. 선 위에 조건이나 설명을 표시할 수 있다.

087

▶ 이런 용어가 나올 때 많이 사용해요!

흐름도 / 프로세스process / 순서도 / 작업순서 / 절차 / 플로우 차트flow chart

흐름도식 표현방식

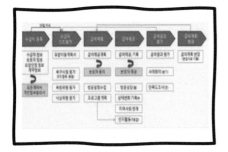

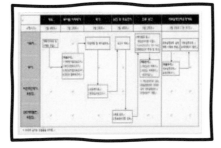

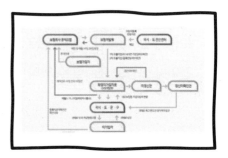

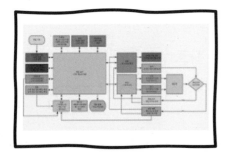

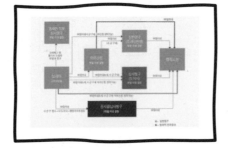

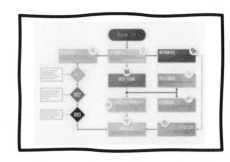

예시

C 회사에서 직원을 채용하는 절차는 다음과 같다.

인사팀에서 채용 공고를 올려 지원서를 접수한다. 서류 전형을 통해 서류 심사에 통과한 지원자를 골라내, 합격자에게는 면접 일정을 안내하고, 탈락자에게는 탈락 안내 문자를 보낸다.

면접 전형을 실시해 면접 합격자에게는 입사 안내 문자를 보내고, 탈락자에게는 탈락 안내 문자를 보낸다.

최종 합격자에게 연락해 입사일, 연봉 등 입사 조건을 안내하고 입사 의향을 확인한다. 의향이 있다면 근로 계약서를 작성한다.

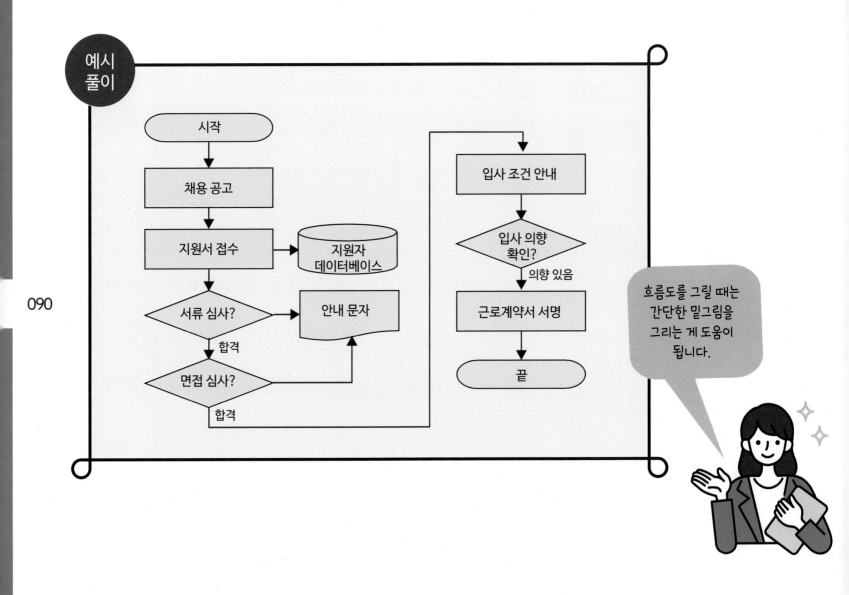

2. 계층layer

여러 개의 층으로 구분되는 것을 시각화할 때 계층 표현 공식을 사용한다. 각 층의 비율, 비중과 중요도에 따라 피라미드식, 깔때기식, 블록식을 사용한다.

4식: 피라미드식

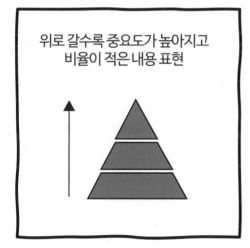

위로 갈수록 중요도가 높아지고
비율이 적은 내용 표현

5식: 깔때기식

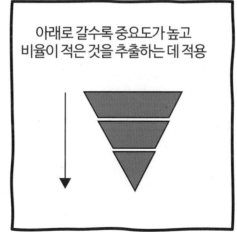

아래로 갈수록 중요도가 높고
비율이 적은 것을 추출하는 데 적용

6식: 블록식

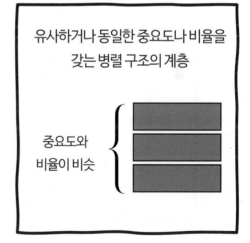

유사하거나 동일한 중요도나 비율을
갖는 병렬 구조의 계층

중요도와
비율이 비슷

2. 계층layer

4식: 피라미드식

중요도 높음
비율 줄어듦

키워드

키워드

키워드

- 부연설명
- 부연설명
- 부연설명

하부 층이 전체에서 차지하는 비율이 크거나 중요도가 낮고, 위 계층으로 올라갈수록 중요도가 높거나 비율이 적은 경우 피라미드식으로 시각화한다. 생태계를 예로 들면, 하부에는 식물이 있고, 그 위에 초식 동물, 그 위에 육식 동물, 최상위에 인간이 존재하는 모양이다. 상위 계층이 하위를 지배하거나 더 고차원적이라는 인상을 준다.

키워드나 중요한 숫자는 피라미드 각 계층 안에 표시한다. 부연 설명이 많은 경우 각 피라미드 계층 옆에 같은 높이의 면적을 사용해 표시한다.

▶ 이런 용어가 나올 때 많이 사용해요!

레벨level / 생태계 / 단계 / 위계 / 계층 / 비중 / 분포

피라미드식 표현방식

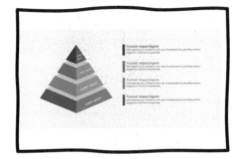

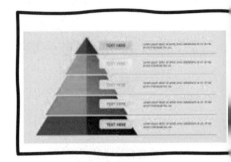

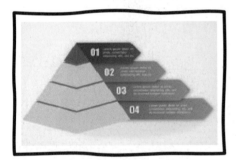

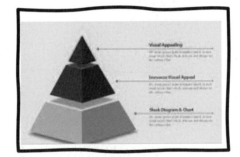

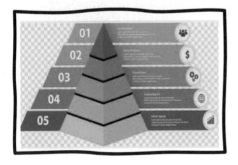

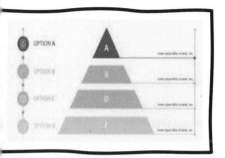

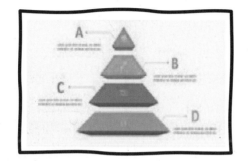

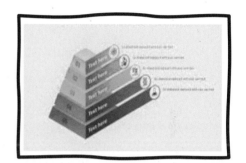

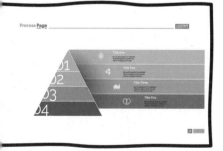

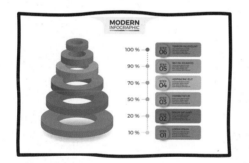

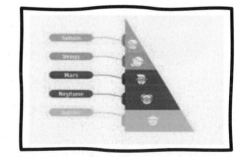

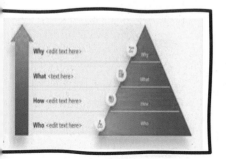

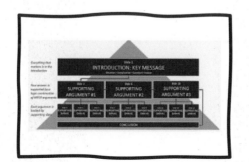

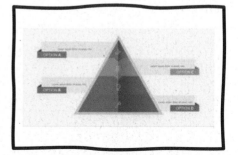

2. 계층layer

예시

미국의 심리학자 매슬로는 인간의 욕구가 그 중요도별로 일련의 단계를 형성한다고 보았다. 하위 욕구가 충족되면 위계상 다음 단계의 욕구가 나타나며 이를 충족하고자 한다. 가장 먼저 요구되는 욕구는 다음 단계에서 달성하려는 욕구보다 강하고 그 욕구가 만족되었을 때만 다음 단계의 욕구로 전이된다.

가장 기초적인 욕구는 생리적인 욕구로, 허기를 면하고 생명을 유지하려는 욕구이다. 의복, 음식, 가택을 향한 욕구 등을 포함한다.

생리적 욕구가 만족되면 다음 단계로 안전 욕구가 등장한다. 위험, 위협에서 자신을 보호하고 불안을 회피하려는 욕구이다.

다음 단계로 가족, 친구, 친척 등과 친교를 맺고 원하는 집단에 귀속되고 싶어 하는 욕구인 애정, 소속 욕구가 발생한다.

이후 존중의 욕구, 자아실현의 욕구가 차례로 나타난다.

예시
풀이

매슬로의 욕구 5단계

자아실현 욕구 ➡ 성장, 잠재력 발휘, 자기 만족, '나다움'을 찾고자 하는 욕구

존중 욕구 ➡ 자율성, 성취 등 내적 자존 요인과 지위, 인정과 같은 외부 존경 요인

소속 욕구 ➡ 집단에 받아들여지고, 애정을 주고받고, 우정을 나누고자 하는 욕구

안전 욕구 ➡ 육체적, 감정적 안전과 보호 욕구

생리 욕구 ➡ 먹고 마실 것, 쉬고 잘 곳, 번식욕 등

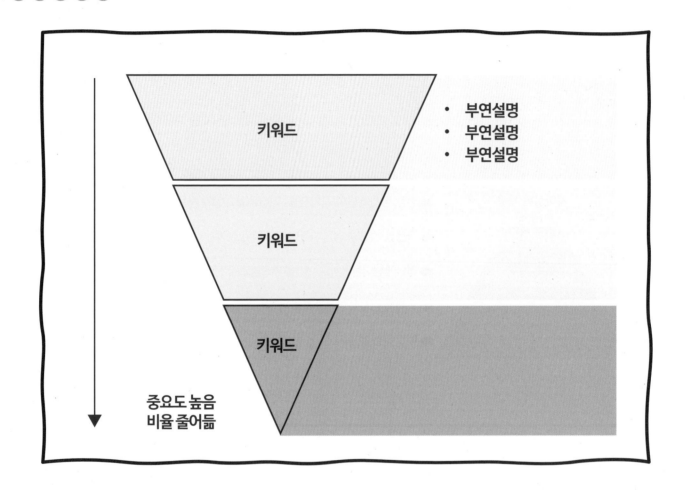

피라미드식의 반대 모양이 깔때기식이다. 여러 가지 요소들을 걸러서 원하는 것을 추출해 내는 생각을 시각화할 때 사용한다. 혼합물을 여과 장치를 통해 걸러내는 모습을 상상하면 된다. 아래로 걸러질수록 더 핵심적인 것이 남는다. 상대적으로 비율은 적어진다. 다양한 의견이나 재료, 소스source로부터 각 단계별 필터filter를 통해 어떻게 핵심이 도출되었는지 설명하는 데 적합하다.

▶ 이런 용어가 나올 때 많이 사용해요!

추출 / 필터링 / 걸러 냄 / 분리 / 도출 / 수렴

깔때기식 표현방식

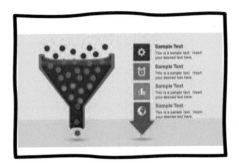

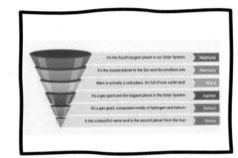

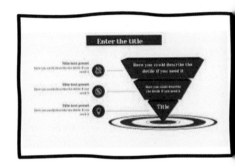

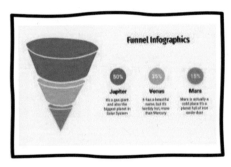

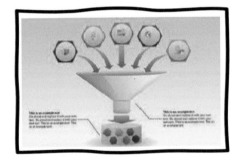

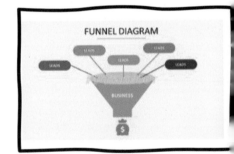

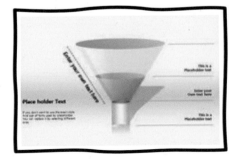

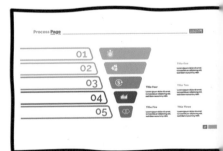

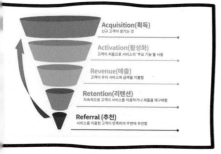

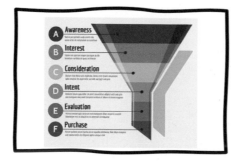

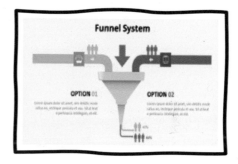

103

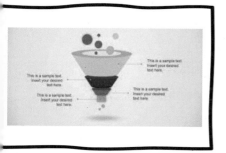

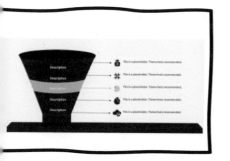

예시

D양은 회사 창립 기념 이벤트의 기획을 맡아 발표하게 되었다. 혼자 아이디어를 짜내는 것보다 직원들로부터 의견을 수렴하는 것이 좋다고 생각하여 사내 게시판을 통해 아이디어를 수집하였다.

30여 개의 아이디어가 게시되었는데, 우선 예산 범위에 들어오는 아이디어를 걸렀더니 10개가 남았다.

그리고 현실적으로 실행 불가능한 것들을 제외하니 5개의 아이디어가 남았다.

최종적으로 직원 투표를 통해서 아이디어 1개를 선정하였고, D양은 선정된 아이디어로 구체적인 기획에 들어갔다.

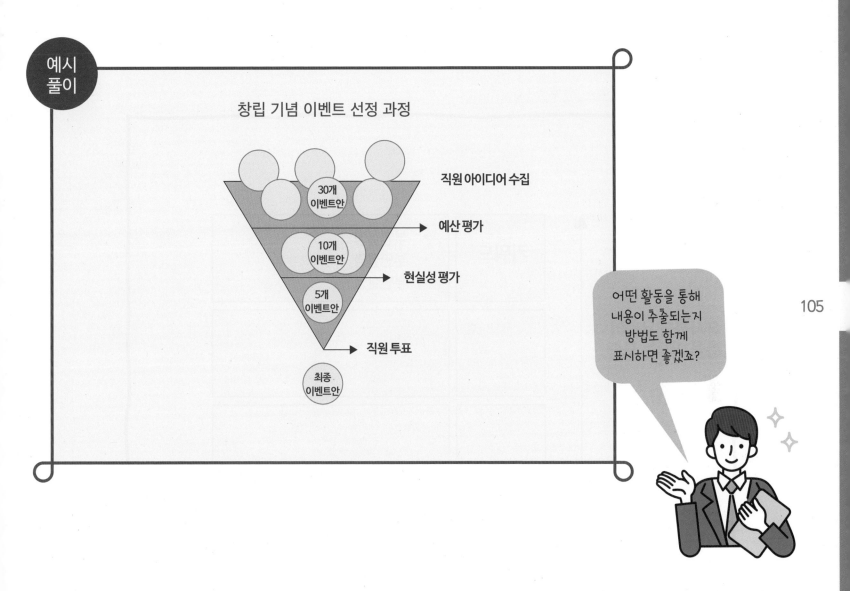

예시 풀이

창립 기념 이벤트 선정 과정

30개 이벤트안 — 직원 아이디어 수집

10개 이벤트안 — 예산 평가

5개 이벤트안 — 현실성 평가

최종 이벤트안 — 직원 투표

어떤 활동을 통해 내용이 추출되는지 방법도 함께 표시하면 좋겠죠?

105

106

키워드	• 부연설명 • 부연설명 • 부연설명

유사한 내용들이
층을 이루는 모습

블록식은 중요도나 비율이 비슷한 층들이 쌓여 있는 것을 시각화하는 데 사용한다. 건물이나 케이크처럼 층이 겹겹이 쌓인 모습을 상상하면 된다. 소프트웨어 구조 등 눈에 보이지 않는 추상적인 계층 개념을 설명할 때도 사용한다. 층이 쌓인 순서나 각 층의 높이가 중요한 의미를 가질 때도 있다.

107

▶ 이런 용어가 나올 때 많이 사용해요!

레이어layer / 계층 / 축적

블록식 표현방식

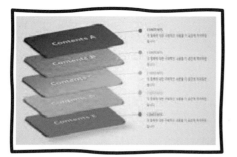

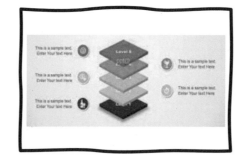

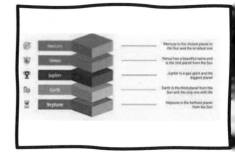

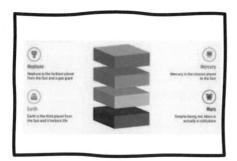

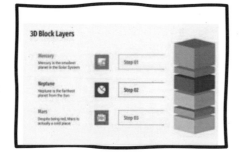

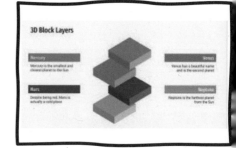

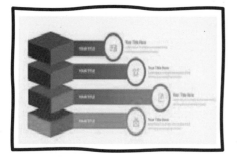

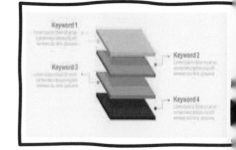

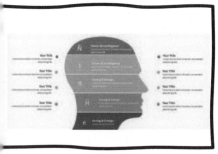

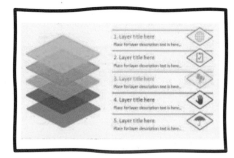

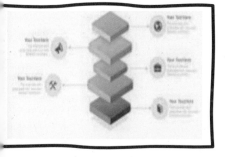

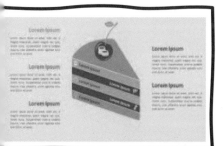

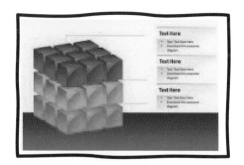

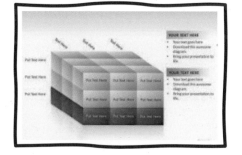

2. 계층layer

예시

N사의 본사는 12층이다. 1층은 로비, 2층은 식당, 3층부터 5층까지는 연구소, 6층부터 11층까지는 사무실이다. 그리고 12층은 임원실로 구성되어 있다.

예시
풀이

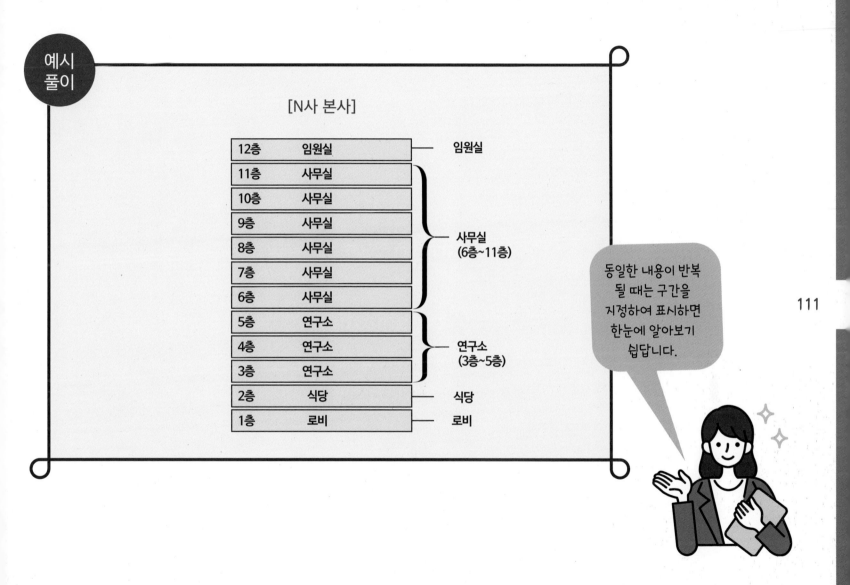

[N사 본사]

12층	임원실
11층	사무실
10층	사무실
9층	사무실
8층	사무실
7층	사무실
6층	사무실
5층	연구소
4층	연구소
3층	연구소
2층	식당
1층	로비

임원실

사무실
(6층~11층)

연구소
(3층~5층)

식당

로비

동일한 내용이 반복
될 때는 구간을
지정하여 표시하면
한눈에 알아보기
쉽답니다.

3. 구성organization

구성은 전체와 부분의 관계를 의미한다. 구성을 시각화하는 공식은 3가지이다. 전체 안에 부분들을 표시하는 포괄식, 부분들이

하나의 결과로 수렴되는 귀결식, 부분들이 상하 위계 구조로 연결된 조직도식이 있다.

113

7식: 포괄식

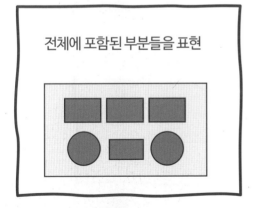

8식: 귀결식

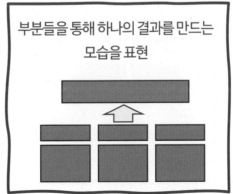

9식: 조직도식

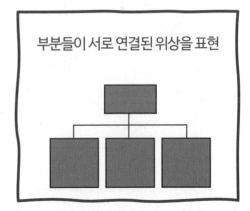

114

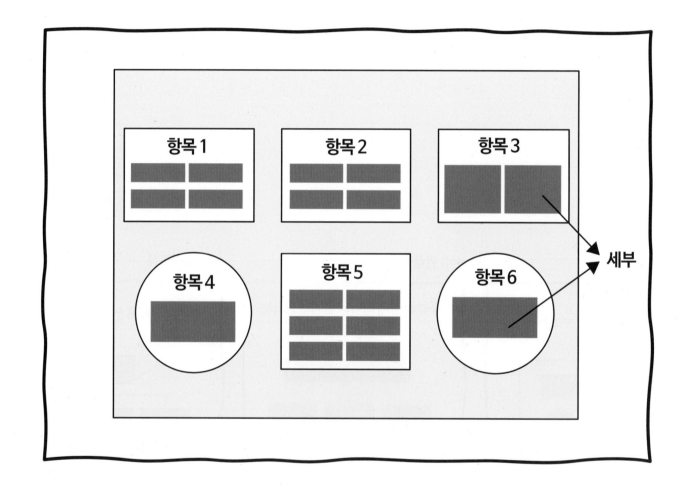

포괄식은 전체를 구성하는 부분들을 의도에 따라 분류하여 표현하는 시각화 공식이다. 하나의 부분은 전체가 되어 그 하위의 부분들을 포괄할 수 있다. 한눈에 전체 구성이나 구조를 파악할 수 있도록 한다.

부분들은 원하는 목적에 따라 분류하고, 하나의 도형으로 묶어 분류 이름이나 키워드를 붙인다. 구성이 한눈에 알아보기 어렵다면 한 부분을 별도 구성도로 분리하거나, 중요하지 않은 부분들을 하나로 묶어 표현한다. 글자는 간결하게 표시하거나 아이콘으로 대체한다. 전체 구성 중 중요한 부분은 다른 색이나 도형으로 강조하여 표시한다.

▶ 이런 용어가 나올 때 많이 사용해요!

분류 / 구성도 / 아키텍처Architecture / 모델Model / 개념도 / 플랫폼Platform

3. 구성organization

포괄식 표현방식

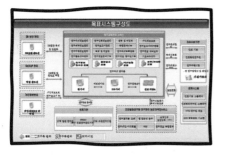

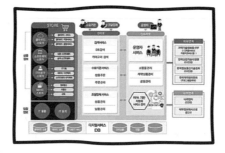

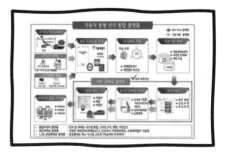

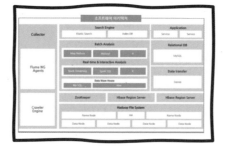

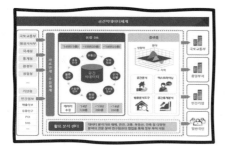

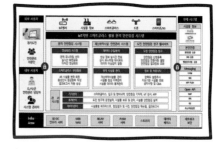

117

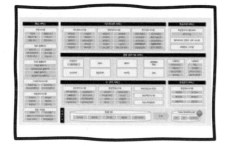

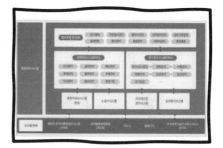

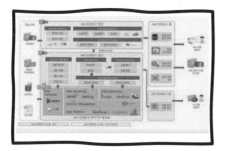

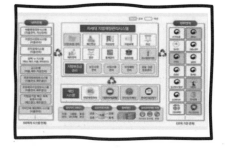

3. 구성organization

A씨는 리본 공예 취미를 가지고 있다. 재료 구입이 잦아지면서 서랍장 안에 재료가 무질서하게 쌓였다. 필요한 물건을 바로 찾아 쓰기 어렵게 되자 A씨는 서랍 안 물건들을 정리하기로 결심했다. A씨는 종류별로 분리 수납할 박스를 구매하여 분류 작업을 시작하였다.

풀   핀   자   분홍색 리본

가위   구슬   브로치

빨간색 리본

주황색 리본   검은색 리본

칼

본드   액세서리   테이프

도구	리본	접착제	장신구
가위	주황색 리본	풀	핀
칼	분홍색 리본	본드	브로치
	빨간색 리본	테이프	구슬
	검은색 리본		액세서리

용도로 구분하였는데요, 구분 방식이 달라지면 항목과 세부항목도 달라지겠죠?

목표, 비전

계획* 1	계획 2	계획 3
① 액션 1 ② 액션 2 ③ 액션 3	① 액션 1 ② 액션 2 ③ 액션 3	① 액션 1 ② 액션 2 ③ 액션 3

*계획은 전략, 항목, 범위 등으로 변경될 수 있음

귀결식은 몇 가지의 전략, 계획, 항목, 범위를 통해서 최종적으로 이루고자 하는 목표나 비전을 시각화하는 방법이다. 기업이나 기관들 대부분은 어떤 계획을 통해서 그 해 혹은 단기, 중장기 기간 동안에 이루고자 하는 목표를 가지고 있다. 이를 표현하기 가장 좋은 방법이 '귀결'이다. 뿐만 아니라 우리가 흔히 접하는 포스터 광고에도 이 방식이 자주 쓰인다. 예를 들어 행사가 개최된다고 하자. 행사명이 주로 목적이 되고 그 행사에서 이루어지는 주요 이벤트를 항목이라고 보면 된다.

최종 목표까지 도달하는 데는 한 단계 혹은 그 이상의 단계가 있을 수 있다. 단계마다 해당 영역을 구분해 주는 것이 좋으며, 목표에 도달하기까지 각 내용들의 연결성이 보이도록 순서를 배치한다.

121

▶ 이런 용어가 나올 때 많이 사용해요!

목표 달성 / 전략 / 비전 / 실천 계획 / KSFKey Success Factors

예시

C사에 새로운 대표가 부임하였다. 대표는 부임기간 동안 C사를 더 발전시키기 위한 비전 수립을 계획하였다. 그 결과 '함께 도약하는 우리'라는 비전을 선포하고 3가지 전략을 수립하였다. 첫 번째 전략은 상생, 두 번째 전략은 평등, 세 번째 전략은 공유라고 정하고 각 전략마다 3개의 실천 계획을 수립하였다.

**예시
풀이**

‘함께 도약하는 우리’

상생	평등	공유
① 실천계획 1 ② 실천계획 2 ③ 실천계획 3	① 실천계획 1 ② 실천계획 2 ③ 실천계획 3	① 실천계획 1 ② 실천계획 2 ③ 실천계획 3

전략과 실천계획이
목표를 위한 수단이
되는 모습이죠?

123

3. 구성organization

귀결식 표현방식

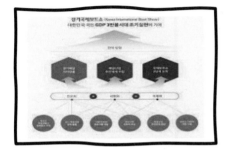

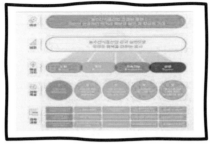

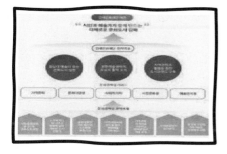

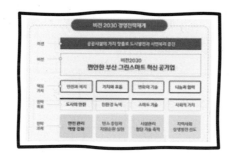

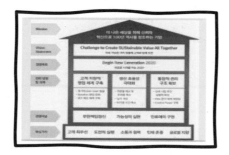
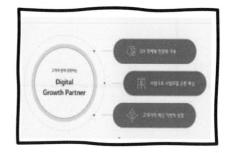

9식: 조직도식

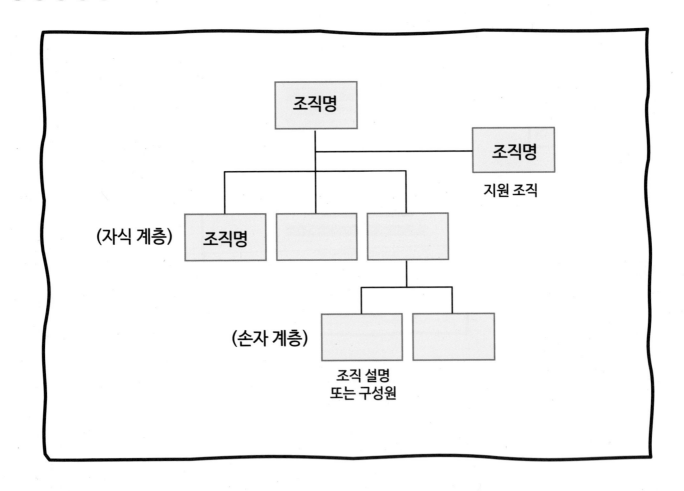

조직도식은 회사 조직도를 떠올리면 이해하기 쉽다. 각 부분들이 어떤 위계 구조를 가지고 구성되어 있는지 한눈에 알기 쉽게 시각화한 표현 공식이다. 회사나 본부, 팀 조직뿐만 아니라 다양한 계층 구조에도 적용 가능하다.

상위에는 상위 조직이나 조직을 대표하는 사람을 표시하고, 관리 하에 있는 하부 조직들을 가지로 연결한다. 상위 조직에 소속되어 있지 않지만 지원하는 조직이 있는 경우 곁가지를 연결하여 표시한다. 각 조직의 역할을 설명할 때는 도형 안이나 밖에 간결한 단어로 표시한다.

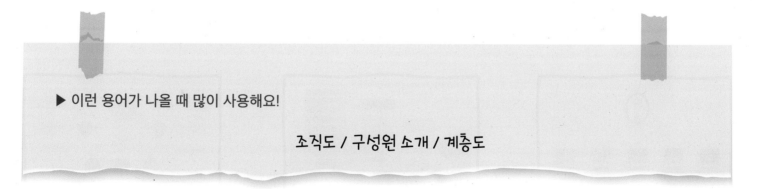

▶ 이런 용어가 나올 때 많이 사용해요!

조직도 / 구성원 소개 / 계층도

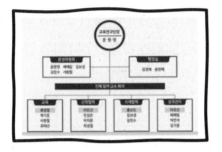

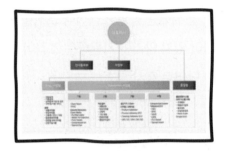

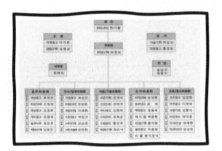

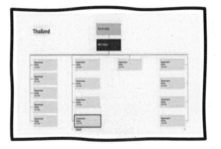

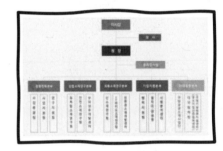

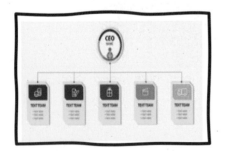

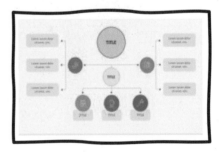

예시

A사는 최근 새로운 프로젝트를 위한 팀을 꾸렸다. B씨를 그 팀의 리더로 세웠고,
3개 파트를 만들어 파트별로 미션을 주기로 했다.
그리고 신사업개발팀이 프로젝트에 필요한 지원을 하기로 하였다.

130

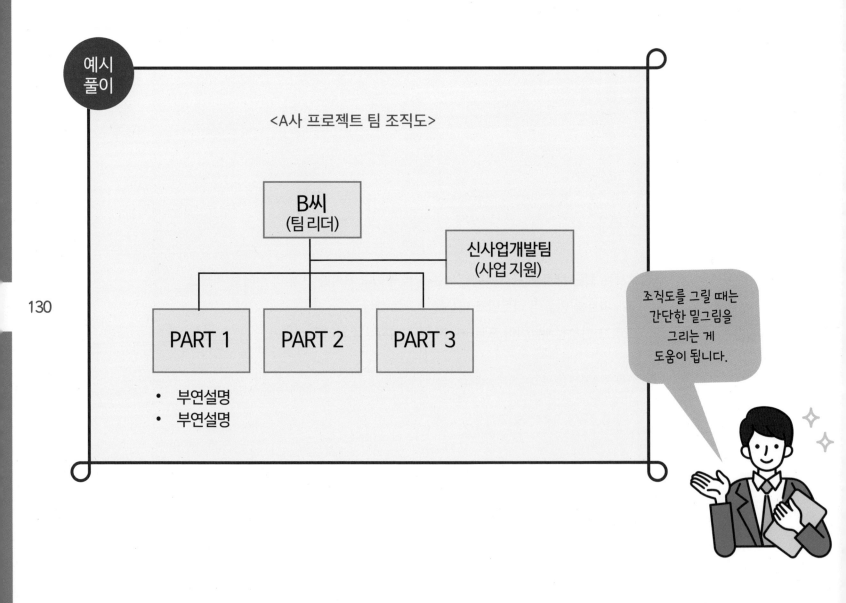

<A사 프로젝트 팀 조직도>

조직도를 그릴 때는
간단한 밑그림을
그리는 게
도움이 됩니다.

4. 분석analysis

분석 표현 공식은 다양한 분석의 결과를 표현하는 시각화 방법이다. 분석 표현을 위해서는 기본적으로 시각화 전에 내용을 파악해서 결론을 찾아내는 작업이 선행되어야 한다. 도출식, 그룹Group식, 대립식이 있다.

133

10식: 도출식

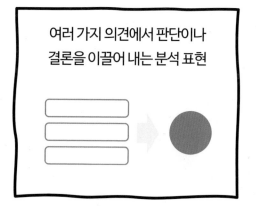

여러 가지 의견에서 판단이나
결론을 이끌어 내는 분석 표현

11식: 그룹식

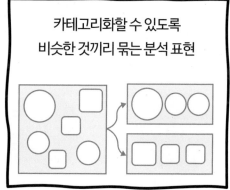

카테고리화할 수 있도록
비슷한 것끼리 묶는 분석 표현

12식: 대립식

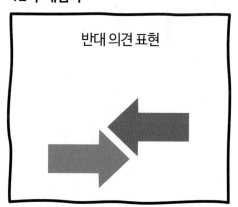

반대 의견 표현

결론 도출

내용

내용

내용

도출

핵심/
중점사항

매칭 방식

내용

내용

내용

도출

핵심/중점사항

결과만 표시

핵심1

핵심2

핵심3

- 부연설명
- 부연설명

- 부연설명
- 부연설명

- 부연설명
- 부연설명

　도출식은 많은 내용, 다양한 요소들로부터 핵심 메시지나 결론을 뽑아내는 표현 공식이다. 세부적인 도출 과정을 생략하고 결론만을 표현할 수도 있다. 환경 분석 결과로 도출된 전략을 표현하거나 다양한 요인 중 인과 관계를 따져 프로젝트나 사업 성공을 위한 핵심 요인을 도출하는 과정을 시각화할 수 있다.

▶ 이런 용어가 나올 때 많이 사용해요!

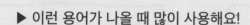

분석 결과 / CSFCritical success factors / 핵심 성공 요인 / 핵심 전략 / 핵심 포인트Key point

도출식 표현방식

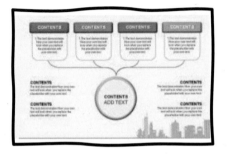

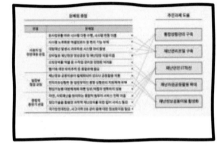

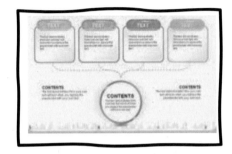

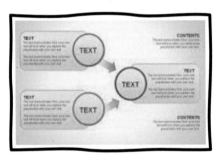

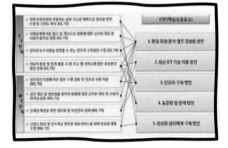

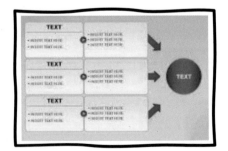

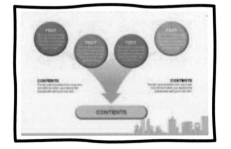

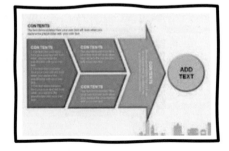

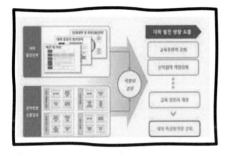

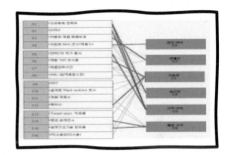

137

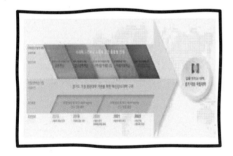

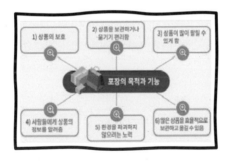

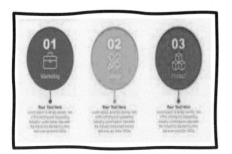

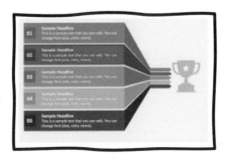

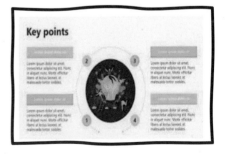

예시

N사는 올해 사업 성과를 정리하기 위해 사업 유닛별 성과를 정리하였다. 5개의 모든 사업 유닛의 성과를 합해 보니 전년 대비 매출이 10% 향상된 것을 확인했다.

예시
풀이

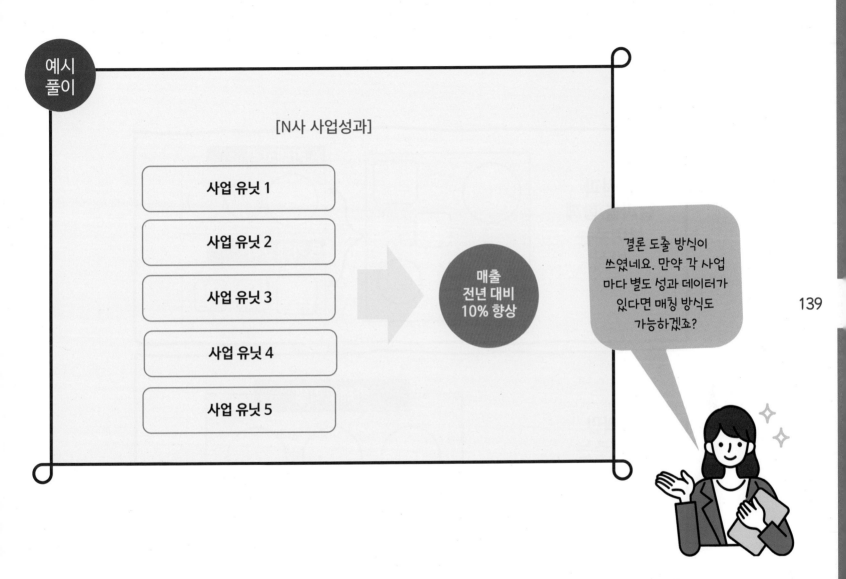

[N사 사업성과]

사업 유닛 1

사업 유닛 2

사업 유닛 3

사업 유닛 4

사업 유닛 5

매출
전년 대비
10% 향상

결론 도출 방식이
쓰였네요. 만약 각 사업
마다 별도 성과 데이터가
있다면 매칭 방식도
가능하겠죠?

139

140

과정과
결과를 함께
보여주는
방식

A 카테고리

B 카테고리

결과만
보여주는
방식

카테고리명

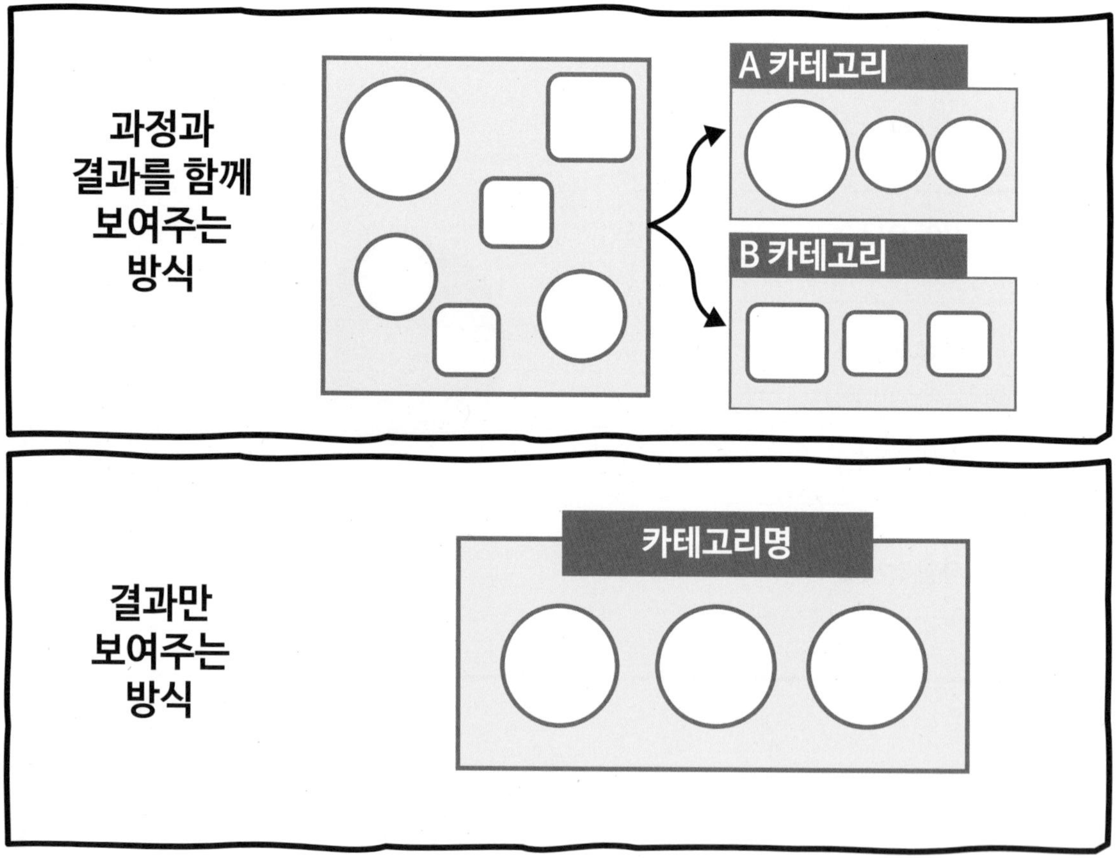

그룹식은 유사하거나 같은 맥락을 가진 것들끼리 묶을 때 사용한다. 이때 일반적으로 그룹 이름을 붙이거나 아이콘으로 그룹을 대표한다. 그룹의 개수에 따라 다양한 도형을 활용해 그룹의 특징을 표현하기도 한다. 그룹들로 분리하는 과정을 보여주기도 하지만, 완성된 그룹만을 보여줄 수도 있다.

141

▶ 이런 용어가 나올 때 많이 사용해요!

그룹핑Grouping / 분류 / 업무 범위 / 구성 항목

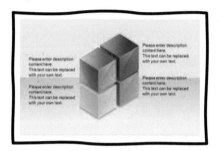

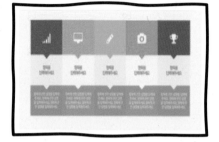

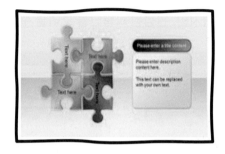

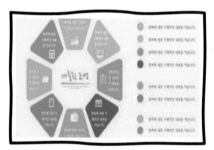

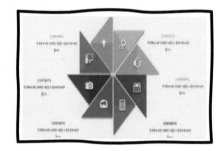

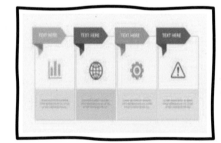

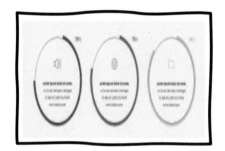

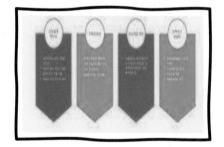

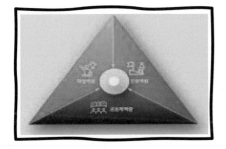
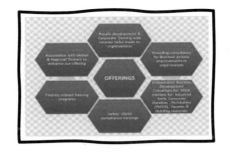
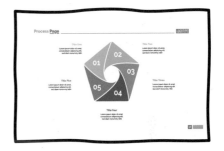

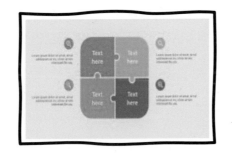

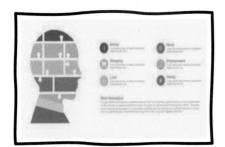

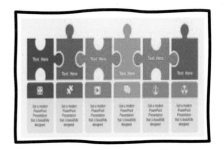

4. 분석analysis

M양은 이번 기회에 집 인테리어 공사를 하기로 마음 먹었다. 전체적인 집안 분위기가 어두워서 벽지와 바닥재를 바꾸어 톤을 밝게 바꾸기로 했다. 낡고 삐걱거리는 오래된 싱크대를 바꾸고, 가스레인지도 빌트인 인덕션으로 교체하기로 했다. 화장실 바닥은 미끄럽지 않은 타일로 교체하는 등 화장실은 전체적으로 손보기로 하였다.

예시
풀이

[인테리어 공사 항목]

벽지/바닥재
교체

싱크대 및
빌트인 인덕션
교체

화장실
전반적
보수

그룹에 대한 부가 설명
이나 세부사항이
있다면 원 아래에
표시해도 좋겠죠?

145

4. 분석analysis

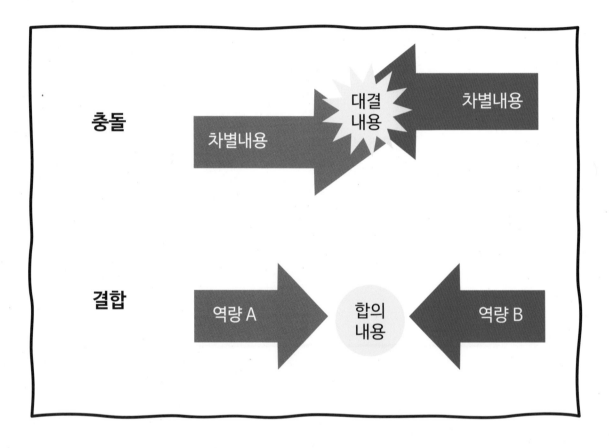

대립식은 두 가지 의견, 전략, 방향이 상반되는 것을 시각화할 때 쓰인다. 그런데 대립식은 두 가지 상반된 것이 결합되거나 서로의 단점을 보완하여 새로운 것, 더 나은 것을 만들어 내는 결합의 형태를 시각화하는 경우에도 사용할 수 있다. 헤겔의 변증법을 정반합으로 시각화하는 공식도 대립식이다.

▶ 이런 용어가 나올 때 많이 사용해요!

경쟁 / 반대 / 정반합 / 컨소시엄 / 충돌 / 갈등 / 의견수렴

4. 분석analysis

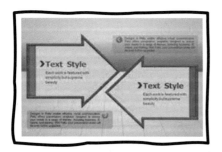

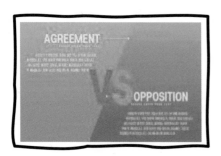

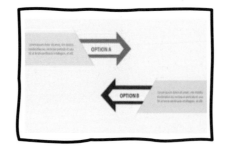

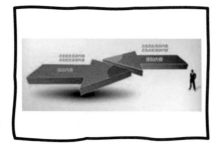

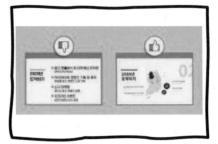

유형 2 결합의 의미

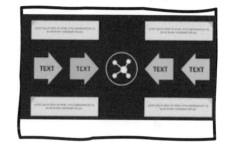

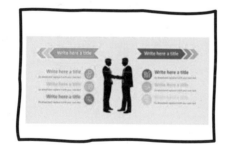

149

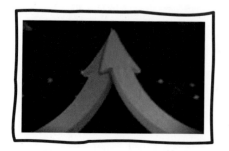
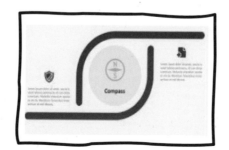

예시

이번 P프로젝트에서 A사와 B사가 경쟁하게 되었다. A사는 실적, 인력에 대한 장점이 있고, B사는 경험과 기술에 대한 장점이 있다.

예시
풀이

화살표 안에 회사명을
작성하고, 화살표
아래쪽에 부연설명을
작성해도 좋아요.

151

4. 분석analysis

5. 집합 set

집합식은 어떤 내용을 분석하여 공통점, 차이점을 드러내는 모습을 시각화할 때 사용한다. 주로 2~5가지 요인에 대한 공통점이나 결합 내용을 교집합 영역에 표시한다. 집합의 수학적 의미와 동일하게 사용하며, 필요에 따라 교집합, 여집합, 차집합을 별도로 표현하거나 하나의 도형에 표시하기도 한다.

153

13식: 집합식

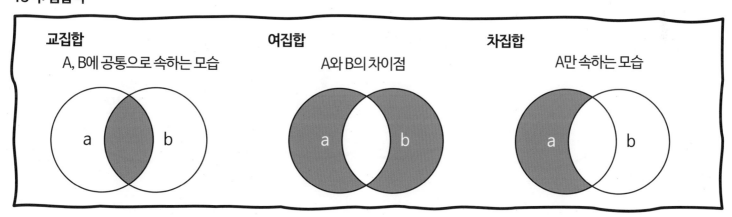

13식: 집합식

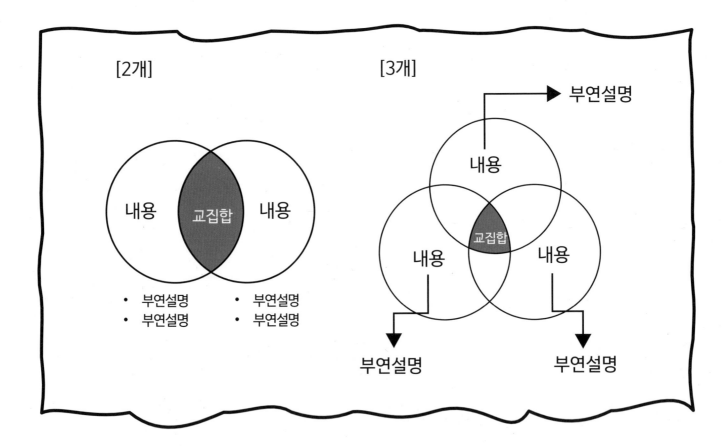

　　집합식을 사용할 때는 공통점 또는 차이점 등 어떤 부분을 강조할지 염두에 두어야 한다. 색상이나 폰트, 아이콘 등으로 강조하는 영역을 표현해 준다. 공통점과 차이점을 모두 설명해야 할 경우에는 각 영역을 명확하게 구분해서 키워드를 표시한다. 설명이 많을 경우는 해당 영역에서 화살표나 설명선을 밖으로 빼서 설명을 단다.

155

▶ 이런 용어가 나올 때 많이 사용해요!

차이점 / 공통점 / 시너지 / 결합

5. 집합set

집합식 표현방식

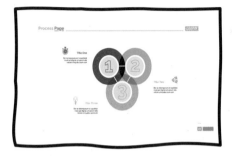
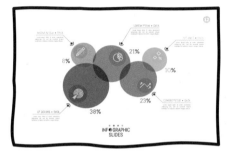
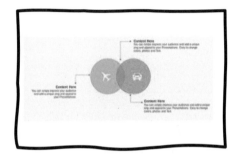

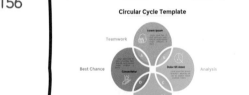
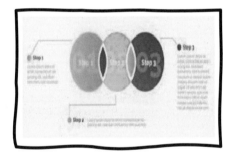
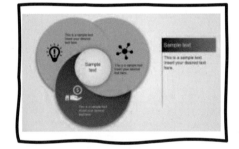

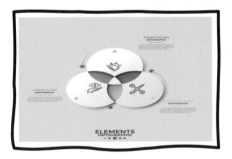
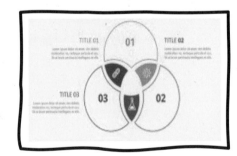

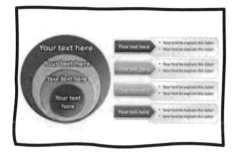
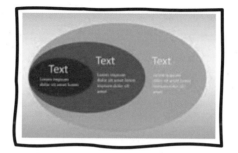

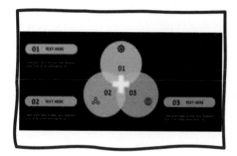
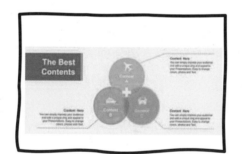
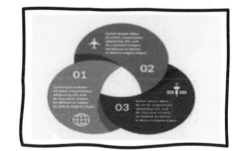

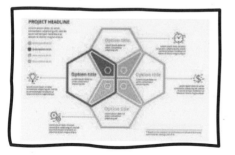
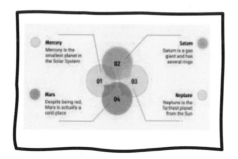
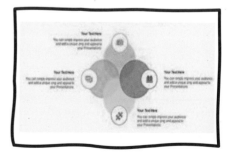

볼펜과 연필의 공통점은 글씨를 쓸 수 있는 필기도구라는 점이지만, 볼펜은 연필에 비해 견고하고, 리필이 가능하다는 장점이 있다. 반면에 연필은 잘 부러지고 깎아 써야 하는 불편이 있지만, 잘못 썼을 때 지우고 다시 쓸 수 있다는 장점이 있다.

**예시
풀이**

연필

- 잘 부러짐
- 지우고
  다시
  쓸 수 있음

필기도구

볼펜

- 견고함
- 리필이 가능함

짧은 내용이라면
도형 안에서
모든 설명이
가능하답니다.

6. 차트chart

차트는 자주 사용되는 중요한 시각화 도구로, 데이터 시각화라고도 한다. 믿을 만한 숫자에 근거해 자신의 메시지를 전달하거나 설득할 때 차트를 사용하므로 어떤 차트로, 어떤 부분을 강조해, 어디까지, 어떻게 표시할 것인지 정하는 것이 중요하다.

차트의 종류는 매우 다양하지만 가장 많이 사용하는 차트를 시각화 공식으로 정의하였다. 데이터 시각화 목적에 따라 적합한 차트가 선택되어야 하며, 비교로 표현할 경우는 비교하는 숫자와 강조되는 숫자가 명확히 드러나야 하고, 추세를 표현할 경우에는 전달하려는 추세가 논리적으로 분명하게 드러나야 한다. 전체 데이터 중 자신의 주장에 유리한 데이터만 표시하고, 동시에 나타나는 불리한 데이터를 의도적으로 숨기는 것은 결과물 전체에 대한 신뢰도를 떨어뜨리므로 지양한다.

각 항목이 무엇을 의미하는지 각 항목 또는 별도 범례로 표시한다. 차트에서는 숫자가 중요하므로 축에 숫자 값을 표시하거나 각 항목에 숫자 값을 표시하여야 한다. 막대/선 차트의 경우는 기준선이 0부터 시작하는지도 표시해야 하며, 숫자에 대한 단위도 반드시 표시해야 한다.

161

14식: 막대/선 차트

막대 차트

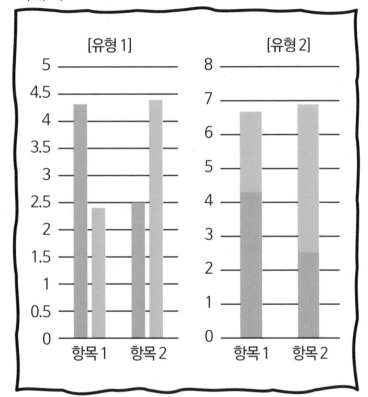

선 차트

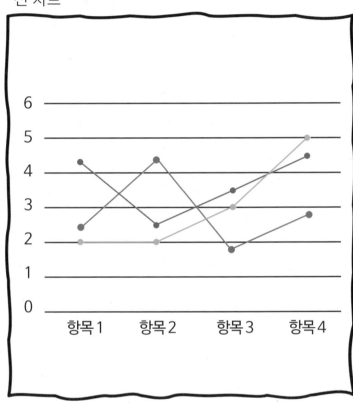

막대 차트는 복수의 변화 요인에서 하나 또는 여러 개의 항목 값의 변화를 나타낸다. 연도별 매출 변화, 나이대별 소득 수준과 같은 것을 시각화하기에 적합하다. 분기별 매출액 및 이익액 변화에 대한 막대 차트는 항목이 두 개이므로, 각 분기마다 두 개의 막대가 그려진다. 매출 막대들과 이익 막대들은 다른 색으로 표시해 가독성을 높인다.

항목마다 막대를 별도로 세울 수도 있지만, 누적해서 쌓기도 한다. 연도별 사업부별 매출액 변화를 볼 경우에는 사업부 막대를 각 연도마다 따로 세울 수도 있지만, 사업부가 많을 경우 하나의 막대에 다른 색으로 누적해 보여주면 사업부별 매출 변화와 전사 매출 변화를 동시에 연도별로 비교해 볼 수 있다.

목적에 따라 누적된 높이를 동일하게 맞춘 막대 차트를 그리기도 한다. 누적량의 변화 추이는 의미 없고 각 항목의 비율 변화가 더 중요한 경우에 이런 차트를 사용한다. 예를 들어 연도별 전 직원의 직무 비율 변화를 차트로 그려 특정 직무 비율을 강조해 보여주려 한다면 이런 차트가 적합하다.

선 차트는 값의 변화보다 전체적인 추세와 추이를 더 강조하는 경우에 사용한다. 연도별, 브랜드별 시장점유율 변화 추이 등을 표현할 때 적합하다.

선 색상으로 각 브랜드의 주 색상을 사용하면 더 직관적으로 차트를 이해할 수 있다.

변화 요인 수나 항목 수에 따라 막대를 가로로 놓거나, 세로로 놓아서 데이터 변화를 더 정확하게 표현할 수 있다. 선 차트는 주로 가로로만 표시한다. 데이터 단위가 다른 두 개 항목을 한 차트에 표시할 경우에 막대 차트와 선 차트를 겹쳐 사용하기도 한다. 연도별 매출(원)과 이익률(%) 변화 추이를 표시할 때 매출은 막대로, 이익률은 선으로 하나의 차트에 표시하고, 왼쪽 축에는 금액을, 오른쪽 축에는 비율(%) 값을 표시한다.

163

▶ 이런 용어가 나올 때 많이 사용해요!

추이 / 추세 / 트렌드Trend / 변화 / 비율 변화 / 비교 / 증가 / 감소 / 성장

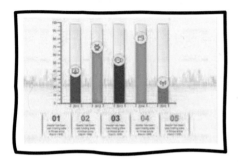
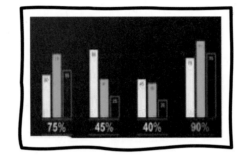
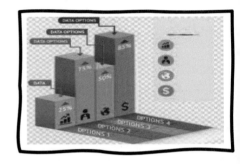
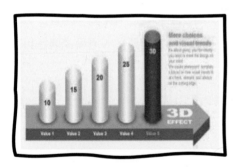
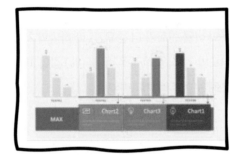

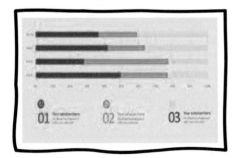
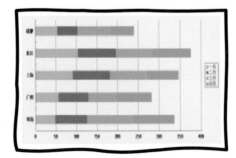
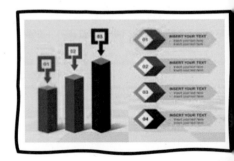

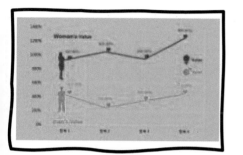

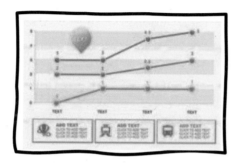

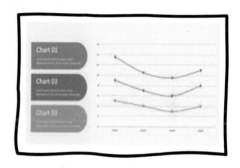

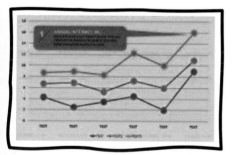

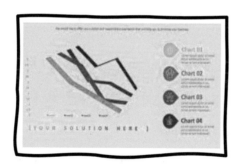

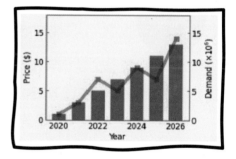

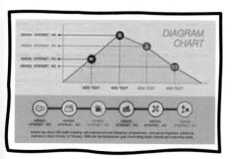

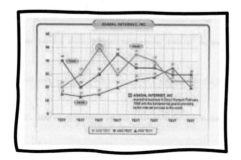

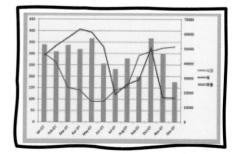

예시

막대 차트

Y군은 최근 중간고사 시험을 보았다. 국어는 80점, 수학는 90점, 영어는 70점, 과학은 85점을 받았다.

선 차트

두 개의 제품 매출을 비교하고자 한다. A제품은 2019, 2020, 2021년 각각 100억, 120억, 130억의 매출을 올렸다. B제품은 동일한 기간 동안 120억, 150억, 130억의 매출을 달성하였다.

예시
풀이

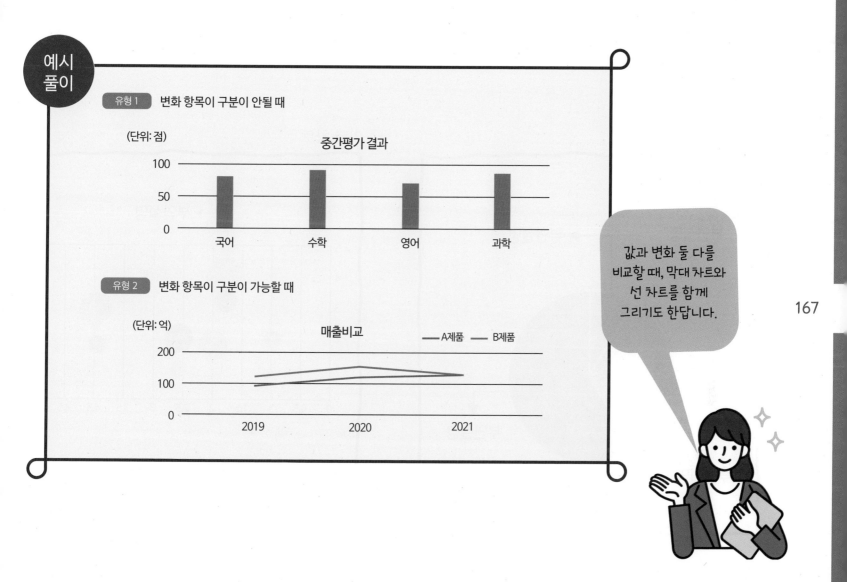

유형 1 변화 항목이 구분이 안될 때

(단위: 점)

중간평가 결과

| | 국어 | 수학 | 영어 | 과학 |

유형 2 변화 항목이 구분이 가능할 때

(단위: 억)

매출비교   A제품 — B제품

2019   2020   2021

값과 변화 둘 다를
비교할 때, 막대 차트와
선 차트를 함께
그리기도 한답니다.

167

15식: 원/기타 차트

~~~~~~~~~

원 차트

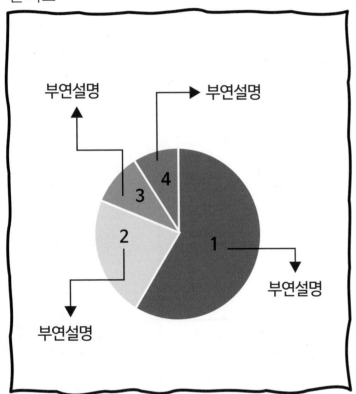

기타 차트

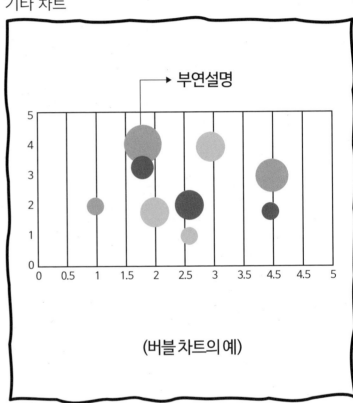

(버블 차트의 예)

원 차트는 추세나 변화가 아닌, 한 요인이나 시점에서의 항목들의 분포나 비율을 표현할 때 사용한다. 마치 파이Pie를 잘라 놓은 모양이라 파이 차트라고도 한다. 강조하려는 항목의 부채꼴 색상을 달리하거나, 글자 크기를 크게 하거나, 원 밖으로 살짝 빼서 표현하기도 한다. 일반적으로 각 부채꼴 내부에 해당 항목의 이름과 비율을 % 단위로 표시하고, 차트 바깥 여백에 설명을 달아 주는 방식으로 사용한다. 중앙에 메시지를 넣기 위해 가운데 구멍이 뚫린 도넛Donut 형태로 표현하기도 한다.

이외에도 목적에 따라 버블Bubble 차트, 트리맵TreeMap 차트, 캔들Candle 차트, 분산 차트, 지도Map 차트, 영역 차트, 게이지Gauge 차트, 간트Gantt 차트 등 다양한 차트가 존재하며, 이들을 조합하여 사용하기도 한다. 또는 아이콘이나 이미지를 활용하여 더 아름답고 이해하기 쉽도록 만든 인포그래픽Infographic 형태도 있다.

▶ 이런 용어가 나올 때 많이 사용해요!

비율 / 구성 / 분포 / 매트릭스Matrix / 비교

원 차트 표현방식

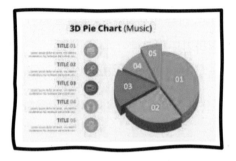

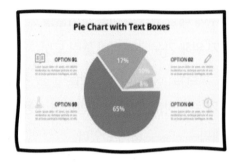

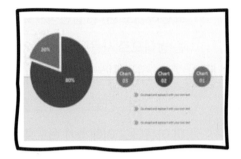

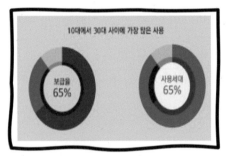

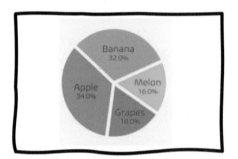

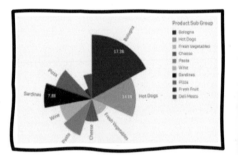

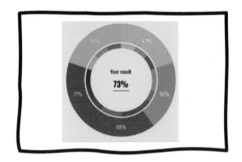

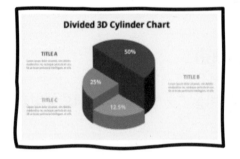

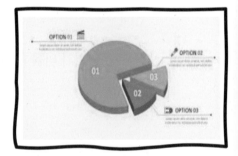

기타 차트 표현방식

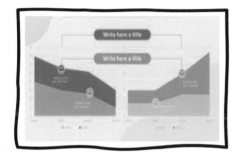
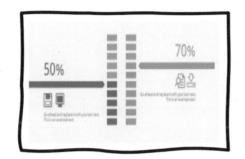
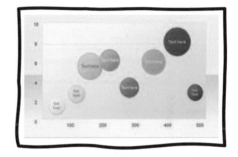

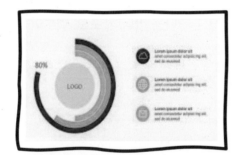
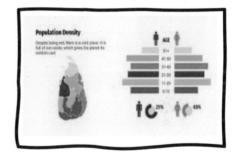

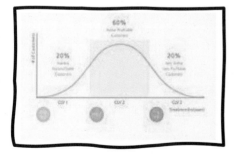
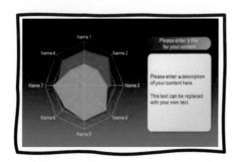

172

예시

C군은 이번 달 과일별 판매 실적 비율을 조사하였다. 그중 가장 많이 팔린 과일은 사과로 34%를 차지했고, 그다음 바나나, 포도, 멜론이 각각 32%, 18%, 16%를 차지했다.

예시
풀이

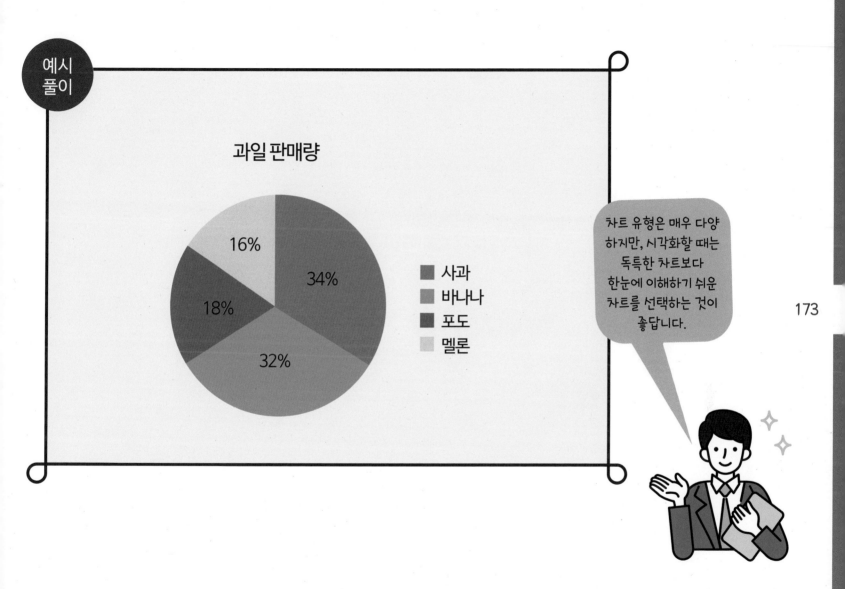

과일 판매량

34%

32%

18%

16%

■ 사과
■ 바나나
■ 포도
■ 멜론

차트 유형은 매우 다양
하지만, 시각화할 때는
독특한 차트보다
한눈에 이해하기 쉬운
차트를 선택하는 것이
좋답니다.

173

7. 변화change

더 나은 상태로의 변화를 시각화할 때 발전식을 사용한다. 이전에 없던 것이 새롭게 생기거나 수정, 개선, 삭제, 추가 등 전과 후가 달라질 때의 표현 공식이다. 변화 표현은 AS-IS(현재 상태)와 TO-BE(미래 상태)로 표현하는 것이 일반적이다. 그러나 이전 모습이 없는 경우 AS-IS를 생략할 수 있다.

16식: 변화식

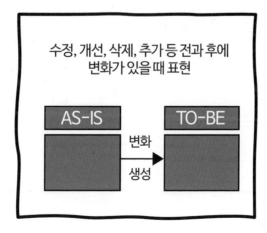

16식: 변화식

유형 1 변화 항목 구분이 힘들 때

| AS-IS | TO-BE |

변화

유형 2 항목별로 변화 구분이 가능할 때

	AS-IS	TO-BE
1		
2		
3		

변화

변화식에서 항목별로 변화 내용이 잘 구분되지 않을 때는 AS-IS(현재)에서 변화된 사항을 TO-BE(미래)에 표시하고 어떻게 바뀌는지 보여주면 된다. 하지만 항목별로 변화 내용이 뚜렷하게 나뉘는 경우에는 각 항목별로 변화한 내용을 매칭해서 시각화한다. 변화식은 주로 기존 문제점을 고쳐서 새롭게 바꿀 때 많이 사용되기 때문에 AS-IS에서 어떤 문제가 있는지를 표시하고, 이런 문제가 어떻게 TO-BE에서 해결되는지 명확히 보이도록 해야 한다. 변화 부분을 색상이나, 별도 도형으로 강조한다.

생성식은 기존 것을 아예 새로운 것으로 바꾸거나 또는 전에 없던 것을 새로이 만드는 것을 시각화할 때 사용한다.

생성식의 표현은 변화식과 비슷하다. 변화를 모티브로 하고 있기 때문에 기존의, 혹은 없던 것을 어떻게 새롭게 할 것인가에 대한 방안이 먼저 나와야 이를 시각화하는 데 무리가 없다. 하지만 AS-IS에서 TO-BE를 표현한다는 점과 어디가 달라지는지를 표시한다는 시각화의 기본 룰은 동일하다.

177

▶ 이런 용어가 나올 때 많이 사용해요!

개선 사항 / 해결 방안 / 추가 도입 / TO-BE / 신규 / 새로운 기능 / 개편 / 변경

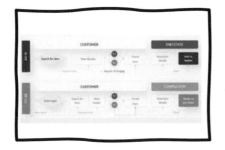

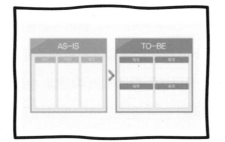

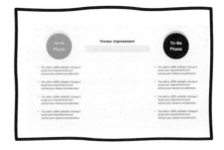

178

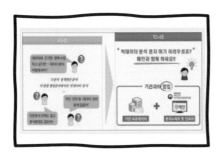

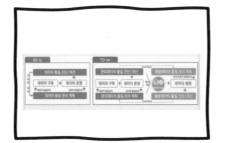

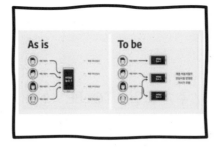

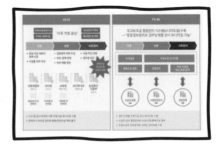

유형 2 변화 항목 구분이 가능할 때: 항목별로 1:1 매칭이 가능하다

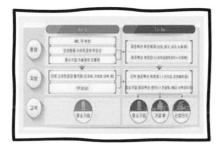
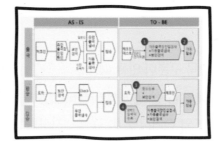
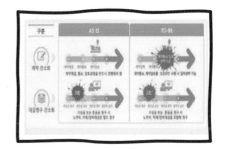

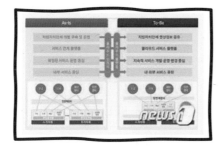

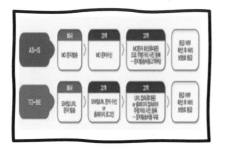

7. 변화change

예시

변화 항목 구분이 안될 때

A양은 출근을 위해 평소 집 앞에서 마을버스를 타고 다섯 정거장을 이동한 뒤 지하철 4호선을 타고 열 정거장을 이동한다. 지하철 역에 내려서는 5분간 걸어가야 회사에 도착할 수 있었다. 하지만 최근에는 자동차를 구매하여 자동차로 출근하고 있다.

변화 항목 구분이 가능할 때

B군은 최근 오래된 가전과 가구를 교체하였다. TV는 PDP에서 새롭게 나온 LED 제품으로 교체했고, 데스크탑 PC는 이동이 가능한 최신형 노트북으로 바꾸었다. 오래된 낡은 천 소파는 가죽 소파로 교체했다.

예시 풀이

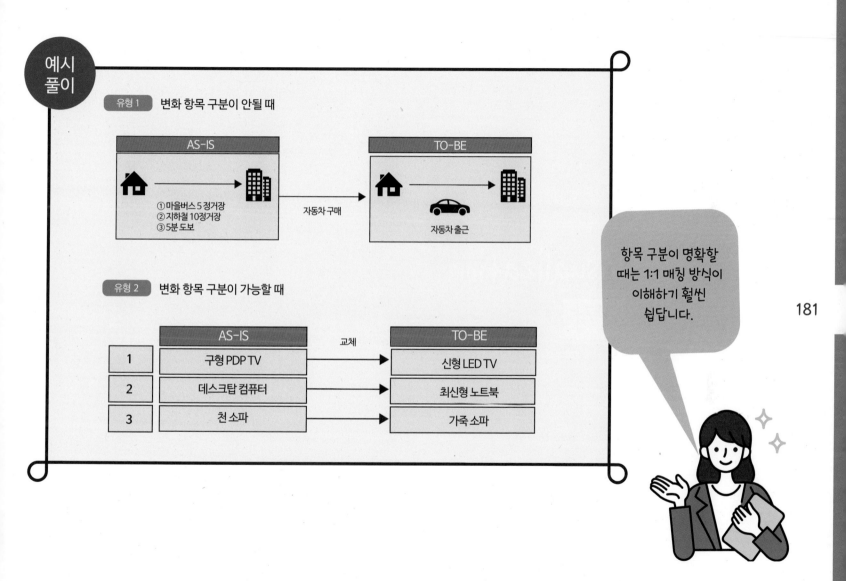

유형 1 변화 항목 구분이 안될 때

AS-IS
① 마을버스 5 정거장
② 지하철 10정거장
③ 5분 도보

자동차 구매

TO-BE
자동차 출근

유형 2 변화 항목 구분이 가능할 때

	AS-IS	교체	TO-BE
1	구형 PDP TV	→	신형 LED TV
2	데스크탑 컴퓨터	→	최신형 노트북
3	천 소파	→	가죽 소파

항목 구분이 명확할 때는 1:1 매칭 방식이 이해하기 훨씬 쉽답니다.

181

7. 변화change

Visualization

생각을 그리다

04

시각화 연습

1. 마케팅 기획

이번에 새로이 런칭하는 젠더 뉴트럴gender neutral 패션 브랜드의 마케팅 계획을 사장님이 참석하는 임원 회의에서 발표하게 되었다. 계획안이 승인되면 마케팅 예산이 할당될 터였다. 발표 시간은 단 5분이고 나머지 시간은 질의응답으로 진행된다고 한다.

1단계 | 환경 분석

목적	마케팅 계획과 예산을 승인받는다
핵심 청중	사장님
청중이 알고 있는 것	새로이 런칭되는 패션 브랜드와 제품
청중이 모르고 있는 것	최근 고객 미디어와 마케팅 트렌드의 변화 이번 마케팅 계획 전반
노출(발표) 시간	5분
스토리 구성	1. 마케팅 목표와 기대효과 2. 실행 계획과 예산 3. 잠재 리스크 및 해소 방안 ※ 별첨: 질의응답에 대비한 자료
WOW 메시지	기존 방식의 절반 비용으로 마케팅 효율 극대화
주장의 핵심 근거	해외 타 브랜드 마케팅 사례
색상과 폰트	브랜드의 핵심 컬러와 폰트(고딕)를 사용 #ECDFC9　　#6F735A　　#424B4D

대주제	소주제	메시지 / 키워드 / WOW
1. 마케팅 목표와 기대효과	1. 목표	• 타겟 고객에게 브랜드 인지도 향상 • 지속적인 커뮤니케이션을 위한 브랜드몰에 회원 가입 유도 • 바로 런칭 제품 구매 유인
	2. 전략	• 해외 마이크로 인플루언서 마케팅 성공 사례 소개 WOW! • 국내에서도 SNS 플랫폼 타겟 마케팅 효과적 • 금번 새 브랜드 런칭 마케팅 전략은 100% 마이크로 인플루언서 타겟 마케팅
	3. 기대효과	• 브랜드 인지도 향상: 100명 마이크로 인플루언서 x 평균 5만 팔로워 = 500만 명 • 브랜드몰 가입 회원 대상 재방문 유도: 500만 명 x 30% = 150만 명 WOW! • 런칭 제품 구매 연결: 회원 150만 명 x 10% x 10만 원 = 150억 원 WOW!
2. 실행 계획과 예산	1. 타겟 마이크로 인플루언서(MI) 도출	• 핵심 타겟 고객이 이용하는 유튜브와 인스타그램의 구독자/팔로워 3~10만 명의 마이크로 인플루언서 발굴 • 마이크로 인플루언서 협의, 현재 이미 100여 명 접촉 중 WOW! • 마이크로 인플루언서 협찬 계약, 계약금 없이 발생 수익의 일부 제공, 최대 금액 설정
	2. 홍보 콘텐츠 제작	• 인스타그램 및 유튜브 브랜드 채널 개설 • 광고 콘텐츠 자체 제작 WOW! • 인스타그램 post/reels 광고, 유튜브 5초 광고 및 shorts 콘텐츠 자체 제작

186

2단계 스토리 짜기 (2 of 2)

대주제	소주제	메시지 / 키워드 / WOW
2. 실행 계획과 예산	3. MI의 구독자 대상 집중 노출	• SNS 광고 집행: 500만 명 노출 x 10회 = 2억 원 • 회원 가입 적립금 제공: 사용 고객 15만 명 x 5천 원 = 7.5억 원 (매출 발생 시에만 비용 발생) • 마이크로 인플루언서 수수료: 100명 x 5백만 원 = 5억 원 (매출 연동해 비용 발생) • 마케팅 예산 14.5억, 예상 매출의 9.7% • 제작비, 광고모델비 절감으로 기존 마케팅비 매출 비율 20% 대비 절반 수준 WOW!
3. 잠재 리스크와 해소 방안	1. 잠재 리스크 분석	• 마케팅 활동에서 발생 가능한 모든 리스크 도출 • 발생 가능성과 발생 시 피해 규모로 리스크 자체 분석 • TOP3 리스크 정의 WOW!
	2. TOP3 리스크	1. 광고 반복 노출에 대한 타겟 고객의 피로감, 거부감 2. 새로운 브랜드와 제품에 대한 신뢰도 의구심 3. 마이크로 인플루언서의 부정적 스캔들과 사고
	3. 해소 방안	1. 추가 비용 없이 광고 콘텐츠 수시 교체 WOW! 2. 모 기업 브랜드 노출 3. 광고임을 안내(뒷광고 금지), 인플루언서 부정 행위에 대해 계약 조건에 포함

187

소주제	키워드 정리
1. 목표	• 타겟 고객 대상 브랜드 인지도 향상 • 지속적인 커뮤니케이션을 위한 브랜드몰 회원 가입 유도 • 몰 방문 시 런칭 제품 구매 유인
2. 전략	• 뉴 미디어(인스타그램, 유튜브)에만 집중 • 마이크로 인플루언서 (MI) 적극 활용 (해외 XXX 브랜드 사례: 매출성장율 XX%) • 새 브랜드는 MI마케팅이 적합
3. 기대효과	• 정교한 타겟 고객 500만 명에게 새 브랜드 중복 노출 • 타겟 고객 150만 명의 브랜드몰 회원 가입 • 런칭 제품 구매 유도로 마케팅 기간 내 150억 원 매출

유형	시각화 표현 공식
분석형	10. 도출식

16가지 시각화 표현 공식

16. 변화식

14. 막대/선 차트
15. 원/기타 차트

1. 계단식
2. 절차식
3. 흐름도식

4. 피라미드식
5. 깔때기식
6. 블록식

13. 집합식

10. 도출식
11. 그룹식
12. 대립식

7. 포괄식
8. 귀결식
9. 조직도식

OOO 브랜드 런칭 마케팅 계획

Saizon
PARIS

마케팅 목표

○ 타겟 고객 대상 브랜드 인지도 향상

○ 지속적인 커뮤니케이션을 위한 OOO 브랜드몰 회원 가입 유도

○ 몰 방문 시 런칭 제품 구매 유인

마케팅 전략

- 뉴 미디어(인스타그램, 유튜브)에만 집중

- 마이크로 인플루언서(MI) 적극 활용(해외 XXX 브랜드 사례: 매출성장률 XX%)

- 새 브랜드는 MI 마케팅이 적합

기대 효과

○ 정교한 타겟 고객 500만 명에게 새 브랜드 중복 노출

○ 타겟 고객 150만 명의 브랜드몰 회원 가입

○ 런칭 제품 구매 유도로 마케팅 기간 내 150억 원 매출

189

190

소주제	키워드 정리
1. 타겟 MI 도출	• 젠더리스 패션 마이크로 인플루언서 발굴: 구독자/팔로워 3~10만 명 • MI 협업 논의: 현재 100여 명 접촉 중 • MI 협업 계약: 계약금 없이 발생 수익의 일부 제공, 최대 금액 (5백만 원) 설정
2. 콘텐츠 제작	• 인스타그램 및 유튜브 브랜드 채널 개설 • MI를 활용한 광고 콘텐츠 자체 제작 • 인스타그램 post/reels 광고, 유튜브 5초 광고 및 shorts 콘텐츠 자체 제작
3. 콘텐츠 노출	• SNS 노출 광고: 500만 명 노출 x 10회 = 2억 원 • 회원 가입 적립금 제공: 사용 고객 15만 명 x 5천 원 = 7.5억 원 (매출 발생 시에만 비용 발생) • 총 예산 14.5억, 예상 매출의 9.7% • 기존 마케팅비 매출 비율 20% 대비 절반 수준

유형	시각화 표현 공식
흐름형	2. 절차식

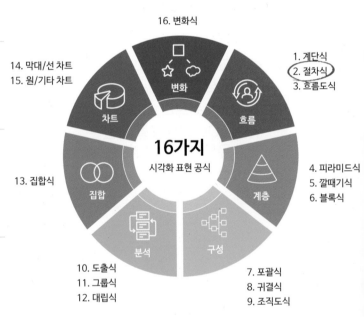

타겟 MI 발굴	콘텐츠 제작	콘텐츠 노출

타겟 MI 발굴

○ 젠더리스 패션 마이크로 인플루언서 발굴
- 구독자 3~10만 명
○ MI와 협업 컨택
- 현재 100여 명과 컨택 중
○ MI와 협업 계약
- 계약금 업시 발생 수익의 일부 제공(매출 연동 비용)
- 최대 금액 설정: 5백만 원

콘텐츠 제작

○ 인스타그램, 유튜브 브랜드 채널 신설
- 개설 완료
○ MI를 활용한 광고 콘텐츠 자체 제작
- 인스타그램 post(사진)/ reels(영상)
- 유튜브 영상 5초 광고/ shorts

콘텐츠 노출

○ SNS 노출 광고
- MI 구독자에 집중 노출
- 10회 중복 노출
○ 회원 가입 적립금 제공
- 회원 가입 시 5천 원
- 매출 발생 시에만 비용 발생
○ 총 예산 14.5억 원
- 예상 매출 대비 9.7%
- 기존 20%의 절반 수준

191

예산	500백만원	예산	0원	예산	950백만원

소주제	키워드 정리
1. 잠재 리스크 분석	• 진행 과정에서 발생 가능한 모든 리스크 브레인스토밍 • 발생 가능성과 발생 시 피해 규모로 리스크 자체 평가 • TOP3 리스크 정의
2. TOP3 리스크	1. 광고 반복 노출에 대한 타겟 고객의 피로감, 거부감 2. 새로운 브랜드와 제품에 대한 신뢰도 의구심 3. 마이크로 인플루언서의 부정적 사건사고
3. 해소 방안	1. 추가 비용 없이 광고 콘텐츠 수시 교체 2. 모 기업 브랜드 노출 3. 광고임을 안내(뒷광고 금지), 인플루언서 부정 행위에 대해 계약 조건에 포함

유형	시각화 표현 공식
계층형	5. 깔때기식

192

16. 변화식

14. 막대/선 차트
15. 원/기타 차트

1. 계단식
2. 절차식
3. 흐름도식

16가지
시각화 표현 공식

13. 집합식

4. 피라미드식
5. 깔때기식
6. 블록식

10. 도출식
11. 그룹식
12. 대립식

7. 포괄식
8. 귀결식
9. 조직도식

변화 / 흐름 / 차트 / 집합 / 계층 / 구성 / 분석

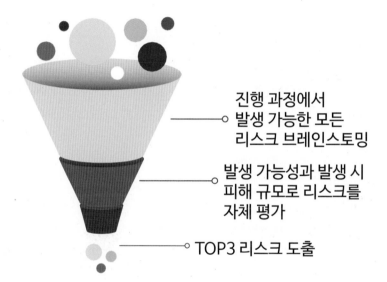

진행 과정에서
발생 가능한 모든
리스크 브레인스토밍

발생 가능성과 발생 시
피해 규모로 리스크를
자체 평가

TOP3 리스크 도출

TOP3 리스크	해소 방안
광고 반복 노출에 대한 타겟 고객의 피로감, 거부감	추가 비용 없이 광고 콘텐츠 수시 교체
새로운 브랜드와 제품에 대한 신뢰도 의구심	모 기업 브랜드 노출
마이크로 인플루언서의 부정적 사건사고	뒷광고 금지, 손해 배상 책임을 계약에 포함

OOO 브랜드 런칭 마케팅 계획

Saizon
PARIS

마케팅 목표

- 타겟 고객 대상 브랜드 인지도 향상
- 지속적인 커뮤니케이션을 위한 OOO 브랜드몰 회원 가입 유도
- 몰 방문 시 런칭 제품 구매 유인

마케팅 전략

- 뉴 미디어(인스타그램, 유튜브)에만 집중
- 마이크로 인플루언서(MI) 적극 활용(해외 XXX 브랜드 사례: 매출성장률 XX%)
- 새 브랜드는 MI 마케팅이 적합

기대 효과

- 정교한 타겟 고객 500만 명에게 새 브랜드 중복 노출
- 타겟 고객 150만 명의 브랜드몰 회원 가입
- 런칭 제품 구매 유도로 마케팅 기간 내 150억 원 매출

타겟 MI 발굴

- 젠더리스 패션 마이크로 인플루언서 발굴
  - 구독자 3~10만 명
- MI와 협업 컨택
  - 현재 100여 명과 컨택 중
- MI와 협업 계약
  - 계약금 업시 발생 수익의 일부 제공 (매출 연동 비용)
  - 최대 금액 설정: 5백만 원

콘텐츠 제작

- 인스타그램, 유튜브 브랜드 채널 신설
  - 개설 완료
- MI를 활용한 광고 콘텐츠 자체 제작
  - 인스타그램 post(사진) / reels(영상)
  - 유튜브 영상 5초 광고 / shorts

콘텐츠 노출

- SNS 노출 광고
  - MI 구독자에 집중 노출
  - 10회 중복 노출
- 회원 가입 적립금 제공
  - 회원 가입 시 5천 원
  - 매출 발생 시에만 비용 발생
- 총 예산 14.5억 원
  - 예상 매출 대비 9.7%
  - 기존 20%의 절반 수준

예산	500백만원	예산	0원	예산	950백만원

- 진행 과정에서 발생 가능한 모든 리스크 브레인스토밍
- 발생 가능성과 발생 시 피해 규모로 리스크를 자체 평가
- TOP3 리스크 도출

TOP3 리스크	해소 방안
광고 반복 노출에 대한 타겟 고객의 피로감, 거부감	추가 비용 없이 광고 콘텐츠 수시 교체
새로운 브랜드와 제품에 대한 신뢰도 의구심	모 기업 브랜드 노출
마이크로 인플루언서의 부정적 사건사고	뒷광고 금지, 손해 배상 책임을 계약에 포함

2. 유튜브 영상 제작

책을 리뷰하는 유튜브 채널을 만들어 보려고 한다. 영상 매체이기 때문에 말이나 글로 표현하는 것보다 시각화가 더 유효하다고 판단했다. 이번에는 〈라이프스타일 비즈니스가 온다〉라는 책 내용을 요약해 전달하는 짧은 영상을 시각화 표현 공식을 활용해 제작하려고 한다.

1단계 환경 분석

목적	책의 핵심 내용을 이해하기 쉽게 요약해 전달한다
핵심 청중	책이나 마케팅, 창업에 관심 있는 유튜브 이용자
청중이 알고 있는 것	이케아, 무인양품, 러쉬, 츠타야 서점 같은 브랜드
청중이 모르고 있는 것	라이프스타일 비즈니스 정의와 부상하는 이유
노출(발표) 시간	1분
스토리 구성	1. 라이프스타일이란 2. 라이프스타일 비즈니스가 부상하는 이유 3. 라이프스타일 비즈니스
WOW 메시지	미래에는 물건이 아닌 라이프스타일을 파는 기업들이 뜨겠구나!
주장의 핵심 근거	국내외 소비 변화 트렌드와 라이프스타일 비즈니스 성공 사례
색상과 폰트	책의 표지 색상과 고딕체 사용 #1B75BD　　#044795　　#CBCECF

197

2단계 스토리 짜기 (1 of 2)

대주제	소주제	메시지 / 키워드 / WOW
<라이프스타일 비즈니스가 온다> 책 주제 요약	1. 라이프스타일이란	• 한 사람의 삶을 관통하는 꿈꾸는 인생과 가치관이 만들어내는 일관된 삶의 패턴 • 라이프스타일은 유행이나 충동적 행동과 다르며, 나이, 성별, 소득 등 인구통계학적인 지표로 구분되지 않음 • 3대 심리학자인 '알프레드 아들러'가 처음으로 개념 정립 WOW! • 현대에는 라이프스타일이 여유 시간과 가용 소득의 소비로 표현됨 • 모방소비, 과시소비, 목적소비에서 자신의 개성과 가치관을 표현하는 '가치소비'로 변화 WOW!
	2. 라이프스타일 비즈니스가 부상하는 이유	• 소득이 일정 수준을 넘어서면 소득이 늘어도 행복이 증가하지 않게 됨 • 경제적 성공이 행복을 보장하지 않는다는 것을 깨달음 • 소득 수준이 높은 국가의 사람들부터 성공과 부보다 행복하게 사는 것에 더 관심을 둠
		• 개인이 경제적 소득 수준에 따라 매슬로의 피라미드에서 상위 욕구를 추구하듯 국가나 사회 전반의 소득이 오르면 생존이나 성공보다 행복과 자아실현을 중시하는 삶의 태도로 변화 • 이런 '포스트 모더니즘' 사회로 이행하면, 사회 구성원들의 가치관과 라이프스타일 다양성이 크게 증가 WOW!
		• 사업자 입장에서는 국경과 카테고리 경계 없이 경쟁하는 완전 경쟁 시대에 접어듦 • 가치 소비를 하려는 소비자는 제품 선택에 많은 노력을 들여야 하는 선택의 딜레마를 겪음 • 라이프스타일 제안은 사업자의 고객 점유와 소비자의 선택의 딜레마를 일시에 해소 WOW!

2단계 스토리 짜기 (2 of 2)

대주제	소주제	메시지 / 키워드 / WOW
<라이프스타일 비즈니스가 온다> 책 주제 요약	3. 라이프스타일 비즈니스	• 제품이나 서비스를 파는 것이 아닌, '라이프스타일' 자체를 파는 비즈니스 모델 wow! • 이케아, 무인양품, 러쉬, 츠타야와 뜨는 독립상점들은 라이프스타일을 파는 기업들
		• 주주 이익과 시장점유율이 아닌, 가치 활동과 인생점유율을 목표로 하는 '지속 가능 비즈니스' wow! • 라이프스타일 디자이너의 안목과 경험으로 디테일하게 선별하는 '큐레이션 서비스' • 유행상품이나 히트상품이 아닌, 팬을 만들고 그들과 행복한 경험을 평생 나누는 '커뮤니티 비즈니스' wow!
		• 먼저 '나다움'을 발견 wow! • 그것을 '이렇게 살아보는 것은 어때요?'라는 매력적인 라이프스타일로 제안 • 라이프스타일을 구성하는 제품과 서비스 큐레이션

199

소주제	키워드 정리
2. 라이프 스타일 비즈니스가 부상하는 이유	• 소득이 일정 수준을 넘어서면 소득이 늘어도 행복이 증가하지 않게 됨 • 경제적 성공이 행복을 보장하지 않는다는 것을 깨달음 • 소득 수준이 높은 국가의 사람들부터 성공과 부보다 행복하게 사는 것에 더 관심을 두게 됨
	• 개인이 경제적 소득 수준에 따라 매슬로의 피라미드에서 상위 욕구를 추구하듯 • 국가나 사회 전반의 소득이 오르면 생존이나 성공보다 행복과 자아실현을 중시하는 삶의 태도로 변화 • 이런 '포스트 모더니즘' 사회로 이행하면, 사회 구성원들의 가치관과 라이프스타일 다양성이 크게 증가 WOW!
	• 사업자 입장에서는 국경과 카테고리 경계 없이 경쟁하는 완전 경쟁 시대에 접어듦 • 가치 소비를 하려는 소비자는 제품 선택에 많은 노력을 들여야 하는 선택의 딜레마를 겪음 • 라이프스타일 제안은 사업자의 고객 점유와 소비자의 선택의 딜레마를 일시에 해소 WOW!

200

유형	시각화 표현 공식
차트형	14. 막대/선 차트식
계층형	1. 계단식 + 4. 피라미드식
분석형	12. 대립식

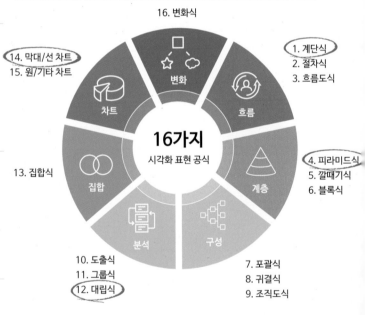

16. 변화식

14. 막대/선 차트
15. 원/기타 차트

1. 계단식
2. 절차식
3. 흐름도식

4. 피라미드식
5. 깔때기식
6. 블록식

16가지
시각화 표현 공식

13. 집합식

10. 도출식
11. 그룹식
12. 대립식

7. 포괄식
8. 귀결식
9. 조직도식

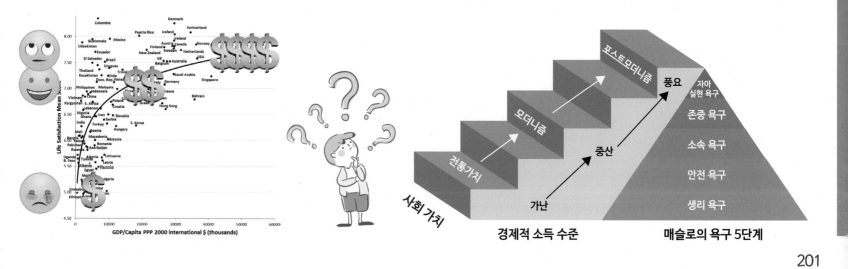

경제적 소득 수준   매슬로의 욕구 5단계

201

202

소주제	키워드 정리
3. 라이프 스타일 비즈니스	• 제품이나 서비스를 파는 것이 아닌, '라이프스타일' 자체를 파는 비즈니스 모델 WOW! • 이케아, 무인양품, 러쉬, 츠타야와 뜨는 독립상점들은 라이프스타일을 파는 기업들
	• 주주 이익과 시장점유율이 아닌, 가치 활동과 인생점유율을 목표로 하는 '지속 가능 비즈니스' WOW! • 라이프스타일 디자이너의 안목과 경험으로 디테일하게 선별하는 '큐레이션 서비스' • 유행상품이나 히트상품이 아닌, 팬을 만들고 그들과 행복한 경험을 평생 나누는 '커뮤니티 비즈니스' WOW!
	• 먼저 '나다움'을 발견 WOW! • 그것을 '이렇게 살아보는 것은 어때요?'라는 매력적인 라이프스타일로 제안 • 라이프스타일을 구성하는 제품과 서비스 큐레이션

유형	시각화 표현 공식
구성형	7. 포괄식
분석형	11. 그룹식
흐름형	2. 절차식

라이프스타일 비즈니스

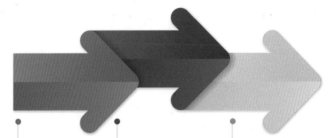

'나다움' 발견

재능, 가치관, 경험으로부터 인생 키워드 도출

라이프스타일 설계

꿈꾸는 삶의 모습, 이상적인 행복의 순간을 라이프스타일로 정의

큐레이션

라이프스타일을 구성하는 제품과 서비스를 선별

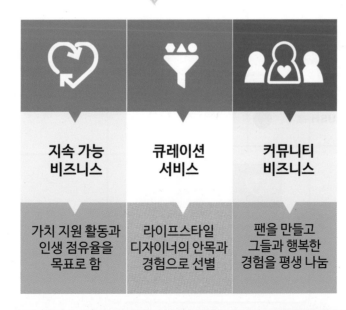

지속 가능 비즈니스

가치 지원 활동과 인생 점유율을 목표로 함

큐레이션 서비스

라이프스타일 디자이너의 안목과 경험으로 선별

커뮤니티 비즈니스

팬을 만들고 그들과 행복한 경험을 평생 나눔

2. 유튜브 영상 제작

1

2

사회 가치

경제적 소득 수준

매슬로의 욕구 5단계

포스트모더니즘
풍요
자아
실현 욕구
존중 욕구
소속 욕구
안전 욕구
생리 욕구
전통가치
모더니즘
중산
가난

라이프스타일 비즈니스로

3

STORE

해소

고객 유지 어려움 · 선택의 딜레마

완전 경쟁 · 가치 소비

무경계물류금융 · 라이프스타일

제조대중화 · 포스트모더니즘

4

蔦屋書店
TSUTAYA BOOKS

IKEA

patagonia

MUJI
無印良品

KwangJuYo 廣州窯

LUSH FRESH HANDMADE COSMETICS

MOYO

STRAND

라이프스타일 비즈니스

6

'나다움' 발견
재능, 가치관, 경험으로부터 인생 키워드 도출

라이프스타일 설계
꿈꾸는 삶의 모습, 이상적인 행복의 순간을 라이프스타일로 정의

큐레이션
라이프스타일을 구성하는 제품과 서비스를 선별

5

지속 가능 비즈니스
가치 지원 활동과 인생 점유율을 목표로 함

큐레이션 서비스
라이프스타일 디자이너의 안목과 경험으로 선별

커뮤니티 비즈니스
팬을 만들고 그들과 행복한 경험을 평생 나눔

3. 자기 소개

새로 참여하게 된 모임에서 1페이지 자기소개서를 만들어 발표하기로 했다. 다양한 분야의 사람들이 모인 만큼 각자가 잘하는 업무 분야에 대한 소개를 꼭 포함시켜 발표해야 하고, 나머지는 자유롭게 하면 된다고 한다.

1단계 | 환경 분석

목적	새로운 모임에서 구성원들 간의 자기소개
핵심 청중	모임 참가자들
청중이 알고 있는 것	아직 서로에 대해 알지 못함
청중이 모르고 있는 것	나의 핵심역량과 프로필
노출(발표) 시간	5분
스토리 구성	1. 개인 인적사항(학력 및 경력 포함) 2. 성격과 관심사 3. 핵심역량(필수 요구사항) ※ 1페이지로 자기 소개하기
WOW 메시지	나를 기억하게 만드는 포인트
주장의 핵심 근거	
색상과 폰트	나의 선호 색상 반영 #F14435　　#FFF2CC　　#EDEDE

2단계 스토리 짜기

대주제	소주제	메시지 / 키워드 / WOW
1. 개인 인적사항 (학력 및 경력 포함)	1. 개인 인적사항	• 사진 • 이름 / 생년월일 • 연락처(전화번호 / 이메일 주소) • 사는 곳
	2. 학력 및 경력	• 학력(고등학교 / 대학교) • 경력(핵심역량과 관련된 주요 경력)
2. 성격과 관심사	1. 성격	• 유행하는 MBTI 성격유형 검사 결과를 포인트로 하여 나의 성격을 소개 WOW!
	2. 관심사	• 취미나 특기를 이미지로 삽입하여 한눈에 알 수 있도록 소개
3. 핵심역량 (필수 요구사항)	1. 핵심역량	• 핵심역량 키워드를 중심으로 요구되는 스킬을 한눈에 알 수 있도록 시각화 표현

3단계 시각화

소주제	키워드 정리
1. 개인 인적 사항	• 사진 + 생각을 그리는 사람, 생그사 • 1900년 00월 00일 • 010-0000-0000 / 생그사@0000.com • 경기도 안양시 동안구
2. 학력 및 경력	• 학력: 2000년 OO고등학교 졸업 / 2004년 OO대학교 졸업 • 경력: 2008년~2020년 환경/에너지/IT (전략)컨설팅 • 2020년~현재 전략기획, 시각화 컨설팅
3. 성격	• INTP 유형(독립적인, 분명한, 지적인, 내향적인, 호기심 많은, 독창적인, 논리적인, 자유로운)
4. 관심사	• 독서, 여행, 시각화, 글쓰기, 교육
5. 핵심역량	• 제안/전략방안 수립(문서작성 능력, 정보수집 능력, 발표 능력, 시각화 능력, 업무이해 능력)

유형	시각화 표현 공식
계층형	6. 블록식
분석형	7. 포괄식
집합형	13. 집합식

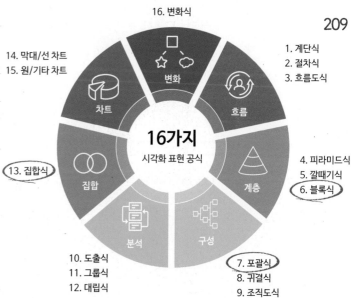

MBTI

독립적인	분명한	지적인
내향적인	**INTP**	호기심 많은
독창적인	논리적인	자유로운

성격: 모두가 동일한 계층을 이루므로 블록식을 적용

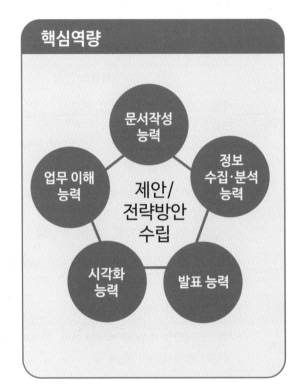

핵심역량

문서작성 능력 / 정보 수집·분석 능력 / 업무 이해 능력 / 제안/ 전략방안 수립 / 시각화 능력 / 발표 능력

핵심역량: 변형된 집합식을 적용하여 교집합인 핵심역량과 5가지 여집합 부분을 시각화

종합

생각을 그리는 사람 **생그사**

🔍 Profile

1900년 00월 00일

📱 010-0000-0000

✉ 생그사@000.com

📍 경기 안양시 동안구

학력

- ☑ 2000년
  OO고등학교 졸업
- ☑ 2004년
  OO대학교 졸업

경력

- ☑ 2008년~2020년
  환경/에너지/IT(전략)
- ☑ 2020년~현재
  전략기획, 시각화 컨설팅

MBTI

독립적인	분명한	지적인
내향적인	**INTP**	호기심 많은
독창적인	논리적인	자유로운

관심사

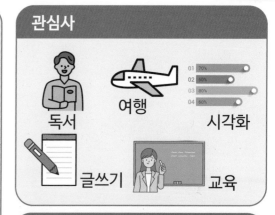

독서　여행　시각화

01 70%
02 50%
03 80%
04 60%

글쓰기　교육

핵심역량

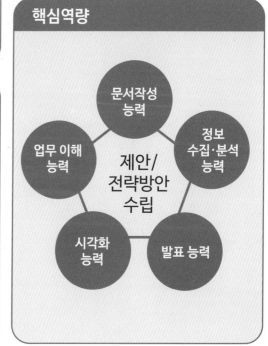

제안/전략방안 수립

문서작성 능력

정보 수집·분석 능력

업무 이해 능력

시각화 능력

발표 능력

211

4. 프로젝트 상태 보고

본부에서 사업부문 전체 상반기 실적보고서 작성 계획을 세웠다. 본부총괄 부서에서 보고서 작성 계획을 수립하여 각 파트로 전달을 한 상태다. A사업팀 소속인 윤대리는 이번에 출시한 신제품 부분의 상반기 실적보고 작성을 담당하게 되었다. 할당된 페이지는 1페이지로 프로젝트에 기본 정보와 실적데이터 그리고 결과에 대한 분석과 개선을 포함해야 한다.

1단계 환경 분석

목적	사업부문 전체 상반기 실적보고서 발행 목적
핵심 청중	전 직원 및 임직원
청중이 알고 있는 것	A사업팀 신제품이 1월부터 판매 시작
청중이 모르고 있는 것	상반기 실적
노출(발표) 시간	보고서 형태로 발간 예정
스토리 구성	1. 프로젝트 개요 및 마케팅 활동 요약 2. 1월부터 6월간의 신제품 판매 실적 3. 목표와 문제점 그리고 개선사항 ※ 별첨: 세부 판매 실적 데이터
WOW 메시지	지속적 매출 증가 및 6월 최대치 달성
주장의 핵심 근거	실적 데이터
색상과 폰트	총괄부서에서 지정한 컬러 활용 #7CC1F0 #017FDD #015697 #EDEDED

2단계 스토리 짜기

대주제	소주제	메시지 / 키워드 / WOW
1. 프로젝트 개요 및 마케팅 활동 요약	1. 프로젝트 개요	• 신제품 출시와 판매 개요 • 매출목표와 기대효과
	2. 마케팅 활동 요약	• 신제품 판매를 위한 마케팅 활동 요약
2 상반기 판매실적	1. 판매실적	• 1월부터 6월까지 판매실적 그래프
3. 목표, 문제점 및 개선사항	1. 목표대비 실적	• 신제품 판매 목표와 현황(꾸준한 매출상승과 6월 최대 실적 wow!)
	2. 문제현황 파악	• 현재 문제점
	3. 개선방안	• 문제 개선을 위한 계획

3단계 시각화 (1 of 3)

소주제	키워드 정리
1. 프로젝트 개요	• 신사업 발굴을 통한 OO신제품 출시 * 21년 10월~12월 오픈 설문 조사 * 22년 1월 정식판매 시작 • 상반기 내 월 1,500억 이상 매출 달성 목표 • 신제품을 통한 연간 매출이익 10% 향상 목표
2. 마케팅 활동 요약	• 블로그 체험단, 유튜브, 인스타그램 홍보 • 제품 협찬(PPL 광고) • TV 광고 노출

유형	시각화 표현 공식
분석형	10. 도출식

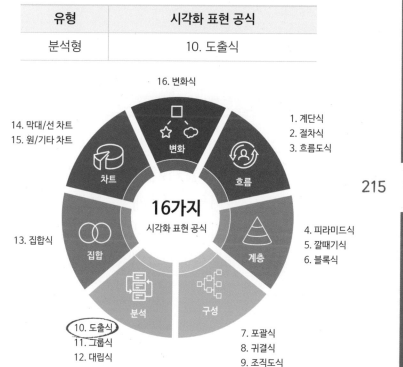

16. 변화식

14. 막대/선 차트
15. 원/기타 차트

1. 계단식
2. 절차식
3. 흐름도식

4. 피라미드식
5. 깔때기식
6. 블록식

13. 집합식

10. 도출식
11. 그룹식
12. 대립식

7. 포괄식
8. 귀결식
9. 조직도식

215

프로젝트 개요

○ 신사업 발굴을 통한 신제품 출시
- 21년 10월~12월 오픈 설문 조사
- 22년 1월 정식 판매

○ 상반기 내 월 1,500억 이상 매출 달성 목표

○ 신제품을 통한 연간 이익 10% 향상 목표

마케팅 활동 요약

○ 블로그 체험단, 유튜브, 인스타그램 홍보

○ 제품협찬(PPL 광고)

○ TV 광고 노출

3단계 | 시각화 (2 of 3)

소주제	키워드 정리
1. 판매실적	• 1월 500억 • 2월 900억 • 3월 800억 • 4월 1,000억 • 5월 1,100억 • 6월 1,200억

유형	시각화 표현 공식
차트형	14. 막대/선 차트

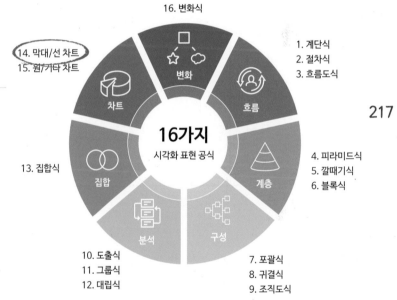

217

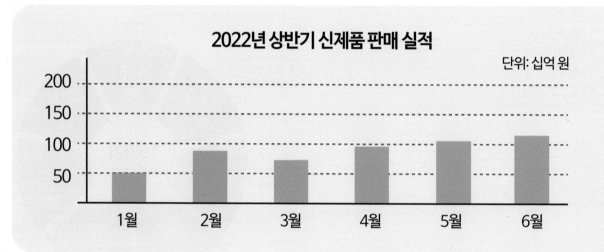

2022년 상반기 신제품 판매 실적

단위: 십억 원

3단계 시각화 (3 of 3)

소주제	키워드 정리
1. 목표대비 실적	• 상반기 매출 목표치 70% 달성 • 꾸준한 매출상승 • 6월 최대치 달성(1,200억)
2. 문제현황 파악	• 예상치보다 낮은 실적(-25%) • 충성고객확보 전략 필요 • 불만사항 개선 필요
3. 개선방안	• MZ세대 겨냥한 홍보 확대 • 재구매고객 할인 이벤트 • 고객상담 서비스 도입

유형	시각화 표현 공식
분석형	10. 도출식

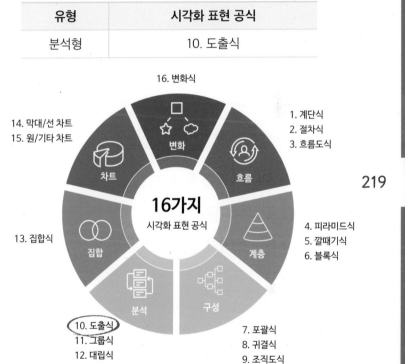

16. 변화식

14. 막대/선 차트
15. 원/기타 차트

1. 계단식
2. 절차식
3. 흐름도식

4. 피라미드식
5. 깔때기식
6. 블록식

13. 집합식

7. 포괄식
8. 귀결식
9. 조직도식

10. 도출식
11. 그룹식
12. 대립식

219

목표 대비 실적

- 상반기 매출 목표 75% 달성
- 꾸준한 매출 상승
- 6월 최대치 달성(1,200억)

문제 현황 파악

- 예상보다 낮은 실적(-25%)
- 충성고객 확보 전략 필요
- 불만 사항 개선 필요

개선 방안

- MZ세대 겨냥한 홍보 확대
- 재구매고객 할인 이벤트
- 고객상담 서비스 도입

종합

신제품 출시 상반기 실적 보고

프로젝트 개요

- 신사업 발굴을 통한 신제품 출시
  - 21년 10월~12월 오픈 설문 조사
  - 22년 1월 정식 판매
- 상반기 내 월 1,500억 이상 매출 달성 복표
- 신제품을 통한 연간 이익 10% 향상 목표

마케팅 활동 요약

- 블로그 체험단, 유튜브, 인스타그램 홍보

- 제품협찬(PPL 광고)

- TV광고 노출

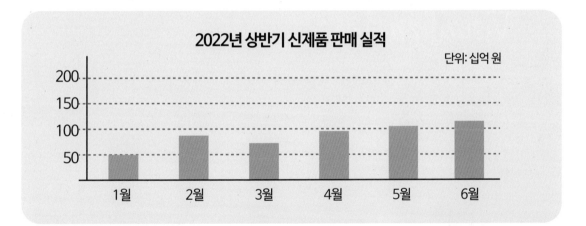

2022년 상반기 신제품 판매 실적

단위: 십억 원

| | 1월 | 2월 | 3월 | 4월 | 5월 | 6월 |

목표 대비 실적

- 상반기 매출 목표 75% 달성
- 꾸준한 매출 상승
- 6월 최대치 달성 (1,200억)

문제 현황 파악

- 예상보다 낮은 실적 (-25%)
- 충성고객 확보 전략 필요
- 불만 사항 개선 필요

개선 방안

- MZ세대 겨냥한 홍보 확대
- 재구매고객 할인 이벤트
- 고객상담 서비스 도입

Visualization

생각을 그리다

05

시각화 실전

우리는 시각화에 필요한 요소와 표현 공식을 알아보았다.

이것을 실전에서 어떻게 응용할지 하나의 문제를 가지고 연습해 보자.

문제풀이 순서

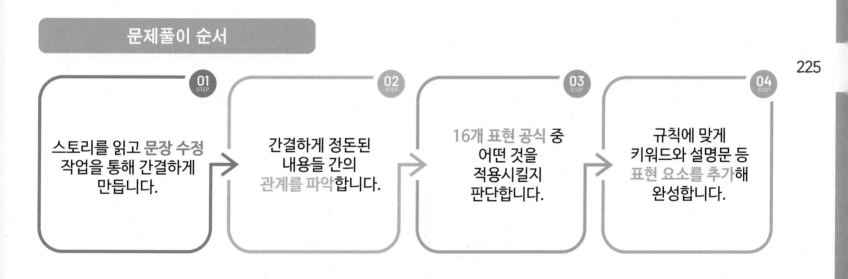

01 STEP 스토리를 읽고 문장 수정 작업을 통해 간결하게 만듭니다.

02 STEP 간결하게 정돈된 내용들 간의 관계를 파악합니다.

03 STEP 16개 표현 공식 중 어떤 것을 적용시킬지 판단합니다.

04 STEP 규칙에 맞게 키워드와 설명문 등 표현 요소를 추가해 완성합니다.

2022년 5월, 우리나라에서 세계가스총회가 열렸습니다. 총 6가지 내용에 대해서 자료를 조사하였는데 이 내용을 전달한다고 가정하고 한눈에 이해하기 쉽게 시각화해 보려고 합니다. 적절한 시각화 요소와 시각화 표현 공식을 적용하여 나만의 시각화 자료를 만들어 봅시다.

〈 2022 세계가스총회(WGC) 〉

[1] 기본정보

- 행사명: 2022 세계가스총회 조직위원회(WGC 2022 National Organizing Committee)
- 개최기간: 2022.05.23(월) ~ 2022.05.27(금)
- 개최장소: 대구 EXCO(대구 북구 엑스코로 10)
- 주최기관: 국제가스연맹(IGU)
- 주관기관: 한국가스연맹(KGU)
- 주요행사:
  1) 회의: IGU 총회/집행이사회, 경영진 회의, 조정위원회의, 지역조정관회의, 운영위원회의 등 개/폐회식, 기조발표, 특별연설, 논문발표, 패널토의, 포스터세션 등
  2) 사교행사: 환영/환송연, 오찬강영, 동반자프로그램, 산업시찰, 관광 등
  3) 전시회: 천연가스 전체 밸류 체인을 다루는 전시회 개최

[2] 추진목적

'가스 산업계의 올림픽'이라고 불리는데, 가스 산업의 발전과 가스에 관한 지식, 기술, 정보보급을 위하여 국제가스연맹(IGU)이 주최하는 세계 최대 가스 관련 국제행사입니다. 국제가스연맹(IGU)은 1931년 발족한 단체로, 회원국의 가스 교역량이 전 세계 95% 이상을 차지하고 있습니다. 총회에서는 다양한 연구 결과에 대한 발표와 회원국 관계자 등의 발표 및 토론이 이뤄지고 가스 탐사 · 생산 · 운송 · 공급 이용 기술에 대한 전시회가 열립니다.

[3] 개최 역사

1931년 영국 런던 개최
1934년 스위스 취리히 개최

1937년 프랑스 파리 개최
1949년 영국 런던 개최
~
2012년 말레이시아 쿠알라룸푸르
2015년 프랑스 파리
2018년 미국 워싱턴 DC → 직전 총회 (5월 25일~29일)

[4] 국제가스연맹(IGU) 조직 구성

국제가스연맹(IGU)은 조직위원장과 회장직의 업무를 총괄하는 IGU회장, 조직위원장 산하 사무총장, 사무총장 산하 WGC2022사무국으로 구성되어 있습니다. IGU회장단 산하에는 IGU한국 사무국이 존재하여 회장단 업무를 수행합니다.

조직위원장은 총회, 집행위원회 등 조직위원회 업무를 총괄하고, 사무총장은 WGC2022 개최준비 업무를 총괄합니다. WGC2022사무국은 조직위원회 운영 및 2022 세계가스총회 개최를 담당하고 있습니다.

[5] 행사 주요내용

- 제28차 세계가스총회 주제: "A Sustainable Future - Powered by Gas"

- 95개 세션에 걸쳐 500명 이상의 가스업계 유수 초청연사들로부터 4일간 지속적인 학습 기회 제공
- 컨퍼런스 세션 및 네트워킹 이벤트 동안 전 세계의 업계 리더들과 네트워크를 구축할 수 있는 무한 기회를 제공
- 정부인사, CEO 및 대표이사, 기업 관계자, 환경전문가, 구매자 및 판매자, 기술전문가 등 전체 가스 밸류 체인 인사들과의 교류 자리를 마련
- 8개 특별 전시관에서 350개 부스를 통해 최신 혁신제품과 기술 확인

[6] 행사 결과

- 72개 나라 9,500명 참가
- 총 63개 세션, 293명의 연사 발표
- 98% 참가자가 WGC2022 추천
- 90개 언론 파트너사 참가
- 등록자의 84%가 목표 달성
- 200명 이상의 기자단 운영

227

Level 1   개최 역사를 시각화해 보세요!

Level 1 **행사 기본정보를 시각화해 보세요!**

Level 2 행사 결과를 시각화해 보세요!

Level 3　WCG2022 조직위원회 조직도를 시각화해 보세요!

Level 4 2022 세계가스총회(WGC)의 목적, 주요행사를 한 페이지로 시각화해 보세요!

문제를 풀어볼까요?

Level 1   개최 역사 시각화

WGC 역사

시간상 흐름을 표현하므로 2식: 절차식을 적용합니다.

로고와 같은 색상을 배경색으로 사용하였습니다.

WGC2022
28th WORLD GAS CONFERENCE
DAEGU, KOREA 23-27 MAY

1회

스위스
취리히

28회

1931   1934   1937   …… ……   2015   2018   2022

영국
런던

프랑스
파리

프랑스
파리

미국
워싱턴DC

대한민국 대구
(5월 23~27일)

235

연도와 개최지 배치

연도는 시각적으로 연결 느낌을 주기 위해 같은 줄에 배치하였고, 개최지는 위아래로 배치하여 글자가 겹치지 않도록 하였습니다.

연도 생략

개최 역사 중 생략된 구간(~)을 '…'로 표시해 주었고 생략 기간이 길어 공간을 넓게 하였습니다.

강조 연도

다른 연도보다 강조되어 보이도록 연도 아이콘을 다르게 하고 크기를 키웠습니다.

여러분은 어떻게 시각화하였나요?
정답은 없습니다. 이해하기 쉽다면 시각화가 잘 되었다고 생각하면 된답니다.

Level 1　행사 기본정보 시각화

세계가스총회(WGC) 개요

중요도나 비율이 비슷한 층을 이루므로 6식: 블록식을 적용합니다.

행사명	2022 세계가스총회 조직위원회(WGC 2022 National Organizing Committee)
개최기간	2022.05.23(월)~2022.05.27(금)
개최장소	대구 EXCO(대구 북구 엑스코로 10)
주최기관	국제가스연맹(IGU)
주관기관	한국가스연맹(KGU)
주요행사	1) 회 의: IGU 총회/ 집행이사회, 경영진 회의, 조정위원회의, 지역조정장관회의, 운영위원회의 등 개/ 폐회식, 기조발표, 특별연설, 논문발표, 패널토의, 포스터세션 등 2) 사교행사: 환영/ 환송연, 오찬강연, 동반자프로그램, 산업시찰, 관광 등 3) 전 시 회: 천연가스 전체 밸류 체인을 다루는 전시회 개최

제목과 내용 구분

각각의 항목은 다시 소제목과 내용을 구분해 주었습니다. 이렇게 하면 시각적으로 이해도를 높일 수 있고 필요한 내용을 빠르게 찾을 수 있기 때문입니다.

주요행사 내용 간 구분

행사 내용은 안내를 위해 필수적이지만, 상대적으로 다른 항목에 비해 내용이 많습니다. 가독성을 높이기 위해 카테고리를 구분하여 정리합니다.

내용 요약은 시각화의 중요한 요소입니다.
하지만 예시와 같이 상황에 따라 꼭 필요한 내용일 경우는 삭제하지 않아야 합니다.

Level 2 행사 결과

세계가스총회(WGC) 행사 결과

핵심 결과만 보여주는 방식이므로 10식: 도출식을 적용합니다.

세계가스총회(WGC) 행사 결과

72개국
9,500명 참가

63개 세션
293명
연사발표

참가자 98%
(WGC2022추천)

90개
언론파트너사
참가

등록자 84%
목표달성

200명 이상
기자단
운영

숫자 강조

모든 결과물에는 숫자라는 공통점이
있어 색과 폰트 크기를 다르게 하여
이 부분을 강조하였습니다.

조직도 표현방식 인용

기본적으로는 도출의 결과 표현 방식을
적용하였지만, 제목과 내용을 조직도처럼
변형하여 표현 하였습니다.

같은 내용 다른 표현
방법입니다. 여러분은
어떻게 표현하셨나요?

237

Level 3 국제가스연맹(IGU) 조직 구성

국제가스연맹(IGU) 조직 구성

> 조직 구성도를 시각화하므로 9식: 조직도식을 적용합니다.

국제가스연맹(IGU) 조직도

- 조직 위원장 — 총회 등 조직위원회 업무 총괄
- IGU 회장 — IGU 회장직 업무 총괄
- 사무총장 — WGC2022 개최 준비 업무 총괄
- WGC2022 사무국 — 조직위원회 운영 및 WGC2022 개최
- IGU 한국사무국 — IGU 회장단 업무 수행

조직도 연결

조직도를 그릴때는 수직, 포함, 병렬등 관계의 구조를 파악하여 밑그림을 그려 시각화합니다.
조직 구성에서는 파트별로 구분을 위해 다른 색상을 사용하기도 합니다.

조직도 설명 추가

조직도를 표현할때는 주로 조직도에서 핵심 내용을 추가 설명해 주기도 합니다.

로고와 아이콘 적용

조직도를 시각화 할 때는 조직을 상징하는 로고가 있다면 표시해 주는 것이 좋습니다.
그리고 핵심적인 조직이나 인물 등에는 아이콘이나 폰트 변화 등을 적용하여 부각시키는 것도 좋은 방법입니다.

> 조직도는 한눈에 조직이 파악되어야 하는 만큼 조직 사이의 구조를 파악하는 선행 작업이 가장 중요합니다.

Level 4 **2022 세계가스총회(WGC)의 목적, 주요행사를 한 페이지로 시각화**

세계가스총회 개요

> 전체 내용이 하나의 행사를 설명하는 방식이므로 8식: 귀결식을 적용합니다.

"A Sustainable Future-Powered by Gas"

> 행사의 가장 큰 목표와 주제를
> 최상단에 표시하였고,
> 행사 로고도 함께 표현하였습니다.

'가스 산업계의 올림픽'

학습 기회제공	네트워크 구축 기회	전시 행사
• 4일간 95개 세션 • 가스업계 초청연사 세미나 　(500명 이상) 	• 가스 밸류 체인 인사 교류 　(밸류 체인: 정부인사, CEO, 　기업 관계자, 환경전문가, 　구매자 및 판매자, 　기술전무가 등) 	• 8개 특별 전시관 • 350개 부스 설치 　- 최신혁신제품, 기술확인

• 가스산업의 발전과 가스에 관한 지식, 기술, 정보보급을 위하여 국제가스연맹(IGU)*이 주최하는 세계최대 가스관련 국제행사
• 다양한 연구 결과에 대한 발표와 회원국 관계자 등의 발표 및 토론, 가스 탐사생산운송공급 이용 기술에 대한 전시회 개최

* 국제가스연맹(IGU): 1931년 발족한 단체로 회원국의 가스 교역량이 전 세계 95% 이상 차지

시각화 구성체계

총회의 주제를 가장 상위에 올리고,
총회에서의 주요행사를 3개의
카테고리로 정리하여 주제를 향해
귀결되는 모습으로 표현하였습니다.

배경설명 및 각주

총회의 목적, 내용을 하단에 정리하여 상단내용을
부연설명하는 모습으로 하였고, 단어의 각주는
별표를 표시하여 하단에 일반폰트보다 작은 사이즈로
각주를 달아 주었습니다. 출처가 있는 경우도 이런
방식으로 출처를 표현해 줍니다.

> 행사 개최 정보 안내 목적이
> 있기 때문에 한눈에 이해되도록
> 시각화하되 전달할 내용은
> 명확해야 합니다.

239

마을에 사는 사람들 100명 중
50명은 영양실조이고 1명은 굶어 죽기 직전입니다.
그러나 15명은 비만입니다.

글을 읽었을 때와 이것을 시각화했을 때 머릿속에 오래 남는 기억은 어떤 것입니까? 위 그림은 〈세상 사람들이 100명이라면(if the world were 100 people)〉이라는 이야기 중에 하나입니다. 한 장의 시각화가 기억에 오래 남는 메시지를 전달할 수 있다는 것을 보여주죠. 이것이 바로 시각화의 힘입니다.

- 시각화 요소
- 시각화 공식

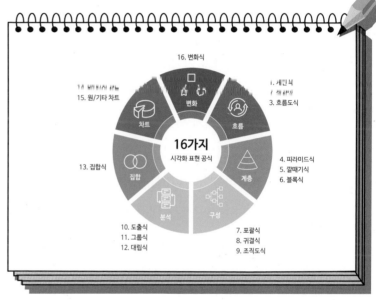

'시각화Visualization, 생각을 그리다'가 시각화의 힘을 기르는 도구로 쓰이길 바랍니다.

저자 약력

윤지혜

환경·에너지 전문 컨설턴트로 사업들을 기획, 제안해 왔으며, 오랜 기간 기관과 기업에서 강의해 왔다. 현재 IT기업에서 대기업, 중견기업들의 SI 및 연구사업에 대한 전략 기획가, 사업관리자 등으로 활발히 활동하고 있다. 그중에 생각을 그림으로 옮기는 작업은 작가가 일이 아닌 소명으로 생각하는 분야다. 실제로 이 책은 그간의 경험과 노하우를 더 많은 사람들에게 전달하고자 하는 마음으로 출간하게 되었으며 앞으로 이 분야에서 폭넓은 활동을 하고자 하는 의지도 담겨있다.

최태원

서울대를 졸업하고 SK, LIG, 토니모리, 티맥스소프트에서 조직 전략을 수립하고, 신사업을 추진하고, 정보시스템을 기획개발하는 일을 담당했다. 수많은 전략 기획 프로젝트를 진행했고, 대통령에게 보고하는 시각화 자료를 손수 작성하기도 했다.

그 후 인공지능 스타트업 CEO로서 세계 여러 도시를 다니며 투자자, 고객사, 협력 기업들을 만나 프레젠테이션했다. 현재는 〈더라이프파트너스(thelifepartners.co.kr, @thelife_partners)〉와 라이프 커머스 스타트업을 경영하며, 강의 컨설팅 저술 활동을 하고 있다. 저서에 〈라이프스타일 비즈니스가 온다〉, 〈당신의 라이프 스타일을 사겠습니다〉 등이 있다.

시각화, 생각을 그리다

초판발행   2023년 3월 6일

지은이   윤지혜 · 최태원
펴낸이   안종만 · 안상준

편 집   김다혜
기획/마케팅   최동인
표지디자인   이소연
제 작   고철민 · 조영환

펴낸곳   (주) 박영사
              서울특별시 금천구 가산디지털2로 53, 210호(가산동, 한라시그마밸리)
              등록 1959. 3. 11. 제300-1959-1호(倫)
전 화   02)733-6771
f a x   02)736-4818
e-mail   pys@pybook.co.kr
homepage   www.pybook.co.kr
ISBN   979-11-303-1682-6   03320

정   가   19,000원